道德可教
的涵义与方式

潘希武 著

·广州·

版权所有　翻印必究

图书在版编目（CIP）数据

道德可教的涵义与方式/潘希武著.—广州：中山大学出版社，2013.8
ISBN 978-7-306-04689-5

Ⅰ.①道… Ⅱ.①潘… Ⅲ.①学校教育—品德教育—研究 Ⅳ.①G416

中国版本图书馆CIP数据核字（2013）第208640号

出 版 人：徐　劲
策划编辑：葛　洪
责任编辑：葛　洪
封面设计：林绵华
责任校对：杨文泉
责任技编：黄少伟
出版发行：中山大学出版社
电　　话：编辑部 020-84111996，84113349，84111997，84110779
　　　　　发行部 020-84111998，84111981，84111160
地　　址：广州市新港西路135号
邮　　编：510275　　　　传　真：020-84036565
网　　址：http://www.zsup.com.cn　　E-mail:zdcbs@mail.sysu.edu.cn
印 刷 者：广州中大印刷有限公司
规　　格：787mm×1092mm　1/16　12印张　203千字
版次印次：2013年8月第1版　2013年8月第1次印刷
定　　价：35.00元

如发现本书因印装质量影响阅读，请与出版社发行部联系调换

内 容 摘 要

　　道德并非是知识，显然无法传授，但并非不可教。如何理解"教"很重要。把"教"理解为传授是一种根本性的错误，事实上即便是知识也并不能完全说是可以传授。

　　从逻辑上看，道德可教，或者说学校道德教育是否有效必须回答三个问题：一是我们需要建立什么样的以及是否建立起现代性道德，道德教育是否有合适的道德内容选择；二是道德可教的内涵是什么，或者说我们是在什么意义上说道德是可教的；三是由道德可教的特定内涵决定的道德教育方式是如何转变的问题。本书试图围绕道德可教这一核心问题，对以上三个问题作一些探索。

　　第一个问题是道德可教的内涵或前提条件，即道德可教是否有合适的道德内容体系，它涉及到中国现代性方案的设计或中国如何步入现代性问题。如果我们不能建立起中国现代性道德，则道德教育必然无法有效，道德必然无法教。这个问题的关键在于，道德及其教育的基点是人性的高处还是人性的低处。

　　第二个问题要探明道德可教究竟是在何种意义上说的。道德必须对生活负责，而生活又是具体的变化的，道德语言与道德行动无法一致，但道德语言或规则又是必需的。因此，道德可教意味着对他者和世界的道德理解和通达以及自我道德话语和行为的构造，而不是意味着特定的道德场景与道德言语的教育就必然产生特定的道德行动。道德教育的虚妄和错误均来源于此。道德理解既包括理性的理解也包括感性的理解。

　　第三个问题要检讨现有教育方式存在的问题和重构新的道德教育方式。道德可教的内涵决定着道德教育的方式在于为道德建构提供某种意义，增进对道德的理解。这首先可以也需要提供特定的道德场景，包括道德榜样、良好的道德周遭环境，即较好的道德言语和道德行为环境。其次，它可以也需要提供集体的道德言语交往和道德行为交往的生活世界，让学生在生活世界中接近对他者和世界的理解与通达，从而实现自我道德言语和道德行为的构造。为此，我们需要加强道德实践教育，重构学科教学的道德内涵与方式；道德说教必须贴近学生语言及其世界。再次，就是要建立起道德惩戒机制，以考核的方式实行常态化的道德行为监测，通过对失范行为的惩戒，降低其道德机会主义，更好地规范其道德行为。最后，需要改变学校道德教育的进路，以立法教化式的否定性进路推进学校道德教育。即道德教育不是使学生"更道德"而是使其有道德。

前　言

教育为本，德育为先。在中国教育大众化与现代化进程中，它日益走向了社会的中心，成为重要的民生事务。但德育并没有获得与大众化进程和现代化进程相应的发展。如果现代性道德没有建立起来，道德的现代性特征也就不明显。而今，道德教育的现代性问题已经凸显出来。德育处于一种极为尴尬的地位。德育作为一门学科在中小学开设，并以各种专题的形式开展德育实践活动，德育工作看似强化了，但实际上学校的全部生活并没有体现其应有的德育内涵。德育为先的地位没有得到保障。

德育为先，意味着德育居各育之首并统率学校的整体发展。教育的首要问题是培养什么样的人。德育的首要问题是回答我们需要什么样的道德以及培养什么样的道德之人，其次才是如何培养的问题。第一个问题我们虽然有所回答，比如对崇高道德教育的批判，提出培养"道德"之人而不是"更道德"之人；强调公民教育和公共道德的培养，但并没有系统地回答中国现代社会中的道德及其教育问题。我们比较多地强调改进德育方式方法，比如提出回归生活世界，加强道德实践教育和体验教育，反对道德说教。但是，这种提法把德育变成一种专题的活动教育，忽视了学校教育区别于家庭教育所具有的独特的德育内涵和功能。

归根结蒂，学校道德教育的效力问题没有得到解决。原因当然是有很多的。我在我的博士后研究报告《学校道德教育的路径转变与作用界定》中试图对这个问题作一些探索，但当时主要限于从一个维度作出回答，即主要着眼于道德教育内容上，认为道德内容体系出现问题导致道德教育的艰难和低效。经过5年的后续研究，我发现，除了道德内容体系的不恰当影响到道德教育的效力外，还有其他一些重要问题影响到道德教育的效力。这些问题包括，我们对道德可教的

◆ 道德可教的涵义与方式 ◆

特有内涵并没有探明，或者说我们并没有搞清楚我们究竟是在什么意义上说道德是可教的以及由此决定的道德教育方式的失误。本书试图围绕道德可教这一核心问题，从三个层面作出探索，即道德内容上是否可教，内容的选择安排无疑也是道德可教的重要内涵之一或前提条件；道德可教究竟是在什么意义上说的；由道德可教的特有内涵决定的道德教育方式如何转变。应当说，这三个方面是自成体系的，它们可以帮助我们初步探索道德可教的内涵和方式以及道德教育效力的三个逻辑层次问题。

我们需要建立什么样的现代性道德，这个问题涉及中国现代性方案的设计或中国如何步入现代性问题。道德总是社会中的道德，现代社会需要建立起现代道德。西方现代性方案，经由马基雅维利和霍布斯等现代思想家的设计，即通过降低道德目标，把人性奠基在激情之上，从而试图构建一个"人人权利平等"的现代性社会。洛克、斯密、孟德斯鸠、卢梭、康德等思想家或者是从宪政建设上，或者是从哲学角度，进一步完善了现代性社会方案。与此相对应，道德不再是柏拉图意义上的德性，而是与现实相符就的道德规定；不再是整个社会的道德虚构，而是公共领域的道德事实规定；不再是具有实质内容的道德样板，而是基于权利平等基础上的相互约定的道德共契，或康德所说的形式伦理。虽然舍勒建立起与康德相对的质料伦理学，但他不过是以情感作为伦理道德的普遍性基础，而不是寻求道德的实质内容。

当代中国正面临现代性问题，如何确立自身文化的现代性社会决定道德的现代性。中国一方面要建立起以市场模式为基础的现代大众社会，另一方面又要建立区别于西方现代社会的以个体自由和权利为基础的集体价值观。但问题在于，集体价值观如何获得个体的认同。这实际上是中国现代性面临的两个问题：一是个体与集体关系的建构；二是感性欲望解放与理性培育问题。对第一个问题卢梭有非常深刻的探索。卢梭的设计是，一方面是确立起绝对的个体价值，即现代自由和权利平等，另一方面是确立起人人同意的公意社会。在卢梭看来，政治社会的存在是必要的，但其存在的唯一合理依据在于维护个体自由和权利，最大限度地朝向自然状态。中国在现代性方案设计中，如何在市场模式基础上确立起不同于西方社会模式的集体价值观是需要探索的。以个体为基点的绝对价值观实际上与感性的解放是一致的，也是与理性的发达相一致的。所谓理性的发达意味着对他人自由和权利的高度认同和尊重，否则形式伦理不可能成立。但中国的问题是同时存在感性和理性的不发达。因此，个体绝对价值观无法确立，意识形态塑造的集体价值观如何获得个体的认同就成为了问题，公共生活领域的道德系统有待于个体的认同和建构。一方面，传统道德的问题在于没有建立起个体心性论意义上的绝对价值观。正如刘小枫所说的，个体的生命与道德人格附庸于儒家所说的王道，个体幸福依附于他者，因而人的道德自律又蜕变为意志他律。整个社会的价值基础建立在他律之上，必然是不稳固的。另一方面，进入现代，中国又面临着修葺公共生活伦理生态这一时代难题。这个难题就是，道德共契何以可能，或者说公共生活的普遍伦理如何获得个体的认同，因为个体化的意义建构与社会共同体的意义设定之间存在某种紧张。一方面，社会需要在公共生活领域建立起某种意义的共享，否则整个社会必定不牢固；另一方面，社会化的意义知识也需要在一定程度上满足"个体肉身化的偶在性需求"。公共教育承担着公共价值的再生产任务，但是这种再生产需要以个体化的意义建构为基础，因为价值共契就是个体化意义向他人意义的通达过程，而没有获得个体认同的价值基础必然无法形成价值的共契。

我们的道德教育既没有走入西方的道德教育现代性，也没有真正返回到古典德性社会的德性教育。我们既与西方现代性的道德教育相背离，也与古典德性教育相背离，因为我们在公共领域确立起道德虚构，或者说是确立起"好人"而不是好公民的样板，公/私领域的道德教育没有区分，并把德性教育泛化，把原本属于少数人的德性教育推及到全体大众，把某种偶然性的德性获得当作理性的规划与普遍的要求。由此而使得我们的道德教育不得不面临的现代性问题。解决这个问题，与中国现代性社会方案的设计密切相关，即集体文化和情感文化如何步入现代性，核心问题是如何处理个体与集体的关系。从中国文化自身特色与现代性进程看，恐怕一方面要重构以个体自由和权利为基点的人性道德，另一方面要重构以集体文化为基点的集体道德观。无论如何，建立现代性道德是前提。

然而，即便我们放弃德性教育，建立人性道德，道德的认同教育

❖ 道德可教的涵义与方式 ❖

仍然存在，或者说道德教育的效率问题仍然存在。因为道德总是具有特定的规范内容和品格要求。所以，我们仍然需要追问，道德自身是否可教？不言而喻，道德规范总是对人与人之间道德关系的抽象规定，是一种普遍性的要求，而道德情境总是具体的和特定的。所以问题是，一种普遍性的规定如何可以指导具体的道德行动。而且，普遍的道德规范之间对于特定的道德行动而言可能存在相互冲突，个体如何行动就成为了问题。对于道德教育而言，一种普遍性的道德要求如何可以获得个体的情境认同？道德规范是在语言和行动中的建构，但这种建构必定存在建构者自身的前结构和前视域以及身体图式问题，道德说教可以成为前结构的一部分，但它如何有效，取决于行动者在建构中对语言和行动的体验和理解。它是一种经验的建构。同样的，道德品性也是一个习惯养成的过程，品性教育实际上是通过种种规范的约束而形成的。道德品性的判断是通过观察一个人的种种行为而得出的可能性结论，是否与事实本身相符是无法验证的。因此，道德是否可教仍然存在很大的疑惑，或者说，道德可教的内涵需要重新界定。个体道德的形成及其相应的品性养成是一种经验构造的产物，而经验的构造是一个交互的过程，是语言和行动的反复理解和建构过程，即个体如何通达他者进而建构自我道德的过程。因此，道德可教应当定位于道德意义理解和建构。从这个意义上说，学校道德教育的作用应当主要是提供语言和行动的交互环境。当然也并不能否认学校道德教育的积极行动，包括道德榜样示范以及道德说教，因为榜样和说教都可能成为学生道德建构的前结构。榜样教育之所以出问题，在于榜样的确立难以获得学生的理解和认同。说教是否有效取决于说教的语言及其意义是否能够为学生所经验和理解。

我们一贯反对道德说教，强调道德实践教育和道德体验教育。但如果把道德教育变为一种专题的实践活动则是不够的。学校教育区别于家庭教育的重大特性在于，它可以提供一种集体交往的世界，而不仅仅是知识的大规模教授。所以，学校道德教育的独特内涵应当在于，学校的全部生活为学生的道德成长提供集体的生活世界。实际上，学科教学本身就是通过知识及其意义的教学，使学生在理解世界中实现对世界的通达，进而达到道德教育的目的，而不是通过所谓的学科渗透实现德育目的。

前 言

　　道德教育是实现学生道德交往中的理解、通达及其建构的过程。这种交往包括语言的交往与行动的交互。学校的作用应当是为学生提供交往的世界。另外,学校还可以提供道德说教、榜样示范以及道德惩戒机制。实际上,这都是为学生通达群体道德和建构自我道德提供一种意义的结构。其是否有效取决于提供的东西是否有利于促进学生对道德世界的理解和通达。为此,我们可以重新理解道德说教,把它定位于为个体道德意义理解和建构以及道德行为构造的某种外在结构和视域,而不是道德命令与道德行动的直接联动的教育机制。

　　要提高学校道德教育的有效性,首先必须立足于中国现代性问题的视野,把握道德的现代性,建立与人性社会相适应的人性道德,并在公共领域把道德从人性的高处拉回到人性的低处,把人性卓越之修养留给私人领域,进而转变学校道德教育的路径,培养有道德的人而不是"更道德"的人。其次必须检查和拷问道德自身可教的问题,准确界定道德可教的内涵和领域。把道德教育定位于道德交往中的道德理解和通达以及自我道德意义和行为的构造过程,进而界定学校在道德教育中的作用,即提供良好的道德教育环境和积极的道德理解教育。最后必须转变学校道德教育方式,使道德教育不仅仅成为某种专题的道德实践和道德体验教育,同时也使其成为全部学校生活集体交往与行动的教育过程。这个过程既需要实践的和身体的交往,也非常需要道德语言的交往与沟通。就这一意义而言,道德说教要改变的,究其实质是其语言方式。

目　录

第一章　问题的提出/1

第二章　道德及其教育的内涵/13
　　一、人性的多元两重性/13
　　二、道德的内在悖论/21
　　三、教育的两重性质/28
　　四、道德教育的两重目标/43
　　五、道德的起源与分类/49

第三章　现代性道德与道德教育的现代性问题/55
　　一、现代性思想家的现代道德设计/55
　　二、中国社会的现代性问题/61
　　三、道德教育的现代性境遇与问题/67

第四章　道德可教的三重意蕴及其低效性存在/77
　　一、美德可教的隐微教诲/78
　　二、道德品性可教：习惯养成性/96
　　三、道德规范可教：经验建构性/105
　　四、道德的非理性特征及其教育的低效性/115

第五章　学校道德教育的消极进路与作用/134
　　一、走向立法教化式的消极进路/134
　　二、学校道德教育的功能作用转变/146

第六章 学校道德教育的方式转变/155

一、道德理解与建构中的道德场景建设/155

二、重构道德理解与建构中的言语和行为交往世界/165

结　论/173

参考文献/176

第一章　问题的提出

效率问题是当前学校道德教育面临的重大问题。人们经常批评学校道德教育的效率低下，并试图寻找提高学校道德教育效率的路径、方式方法。从理论和实践看，人们普遍认为，道德教育的内容配置存在问题，即道德教育超越人性，或者说，判断道德教育有效的标准有问题；① 或者是公/私领域的道德不分，用个体道德修养教育代替公共领域的道德教育；② 更多的批评是针对道德教育的方式方法，认为道德教育脱离生活，道德教育的方式存在问题，道德说教是最大的问题，强调德育要回归生活，强调道德实践教育和道德体验教育。③ 这些研究无非是要解决两个问题，一是重构学校道德教育体系，即要确立起人性的、生活的且是公共生活的道德教育体系；二是转变学校道德教育的方式，强调道德生活教育、实践教育和体验教育。同时，还有一些人开展道德教育的元研究，即对道德是否可教的探索以及对学

---

① 陆有铨："'道德'是道德教育有效性的依据"，载《中国德育》，2008年第10期。

② 金生鈜："公共道德义务的认同及其教育"，载《华东师范大学学报》（教育科学版），2012年第3期；潘希武：《道德教育的现代性：西方的境遇与中国的问题》，载《教育学术月刊》，2010年第7期。

③ 代表性的有鲁洁："道德教育的根本作为：引导生活的建构"，载《教育研究》，2010年第6期；张华："论道德教育向生活世界的回归"，载《华东师范大学学报》（教育科学版），1998年第2期；项贤明："回归生活世界的道德教育"，载《高等师范教育研究》，2001年第1期；刘惊铎："体验：道德教育的本体"，载《教育研究》，2003年第2期。

❖ **道德可教的涵义与方式** ❖

校道德教育的可能限度的探索。① 但是，这些研究还有很多问题没有解决，或者说自身也存在问题。第一个问题即如何重构学校道德教育体系问题，这个问题不完全是一种教育内容的建构问题，而且涉及道德内容体系建构。第二个问题即如何回归生活，它需要回答我们究竟需要什么样的道德生活；而且要思考，回归生活难道仅仅是靠专题的道德实践和体验式教育吗？如果学校德育主要依赖于专门的德育活动，这是否是对学校道德教育应具有的深刻内涵的遮蔽？道德说教难道不需要吗？它究竟错在哪里或者说它应指向哪里？重构内容体系和回归生活对提高学校道德教育效力有帮助，甚至是道德教育效力提高的前提条件或必要的方式，但却没有回答道德教育效力提高的最关键性问题，即道德自身可教性问题；特别是没有回答道德可教的内涵是什么，或者说，在什么意义上我们说道德是可教的，"教"意味着什么和采取什么样的方式。生活是复杂的，人无法按知识论去生活，德育回归生活并没有解决生活本身的困惑；进一步说，回归生活的德育并没有明确教育与道德行动的关系，即生活德育无法保证人的相应的道德行动。因此，道德可教的内涵需要重新界定。否则，生活德育的方向就可能偏离。我们经常把德育定位于经由教育产生相应的道德行动或形成品性，这是一种致命的错误。

从逻辑上看，道德可教的前提条件必须是建立适合时代需要的道德体系。道德超越于时代，超越于人性，必然是不可教的。实际上，这也是体现道德可教的内涵所在，即道德教育只能教给道德而不是超道德的东西。此外，道德可教还意味着教育方式的独特。下面对以上三个大问题作进一步的追问。

第一个问题，即我们需要什么样的道德及其教育。这个问题至关重要，它是学校道德教育是否有效力的前提性问题，或者说是道德可教的前提性问题，事实上也是道德可教的重要内涵之一。因为道德可教在内容上必定有一个选择，必定是针对可以教的道德内容。如果我

---

① 譬如王茵："论道德教学之可能及其限度"，山东师范大学硕士学位论文，2006年；喻学林："学校道德教育的有限性研究"，华中师范大学博士学位论文，2007年；张鲁宁、杨海燕："论美德作为知识可教的限度及方式"，载《江西教育科研》，2007年第8期。

们不能建立起现时代的道德，道德教育的效力问题就无从谈起，道德必然就不可教。事实上，我们很多的道德教育问题都是因为这个问题没有得到回答而产生的。这个问题之所以重要，还在于它对中国现代社会具有特定的内涵，即我们是建立类似于西方现代性的道德还是有别于西方的具有中国文化特色的现代性道德以及我们现代性道德建立的基本难题对道德教育的影响。

从前现代走向现代，西方思想家对现代性社会已经作过诸多关于方案的探索和设计。西方思想家的设计无非是在区别于或颠覆柏拉图古典德性社会的方案中寻找现代性的根基。柏拉图要探索的"美好生活"方案，是从哲学与政治的根本性冲突出发，思考哲学如何在大众社会中获得存在，或者说哲人如何在社会中获得生存。柏拉图为何要探索哲人生存问题？当然是苏格拉底之死引发的思考。但为何要思考苏格拉底之死？难道仅仅因为是出于师生之情吗？可见苏格拉底在柏拉图心中代表了某种形象。这个形象就是哲人形象，即超越于社会的人性最自由的可能。因此，柏拉图探索的其实是人性最高可能性的问题，也就是何为美好生活的问题。柏拉图把他的哲学事业和教育方案结为一体，试图寻求哲人王的教育可能，进而寻求美好生活的可能。哲人统治社会就是人性卓越的社会。但柏拉图知道，这个可能不是没有，要靠运气和偶然，而从事物最圆满的状态看，这样一种可能就是最高的样板社会。

无疑，柏拉图为社会确立起一个绝对的最高价值。但他谋求的人性自由（也叫幸福）是着眼于人性的可能性，而不是为大众社会谋求普遍的人性自由和幸福。现代社会正是一个大众社会，谋求普遍的幸福正是大众社会方案设计的转折点和着眼点。现代性思想家诸如马基雅维利、霍布斯等，不是不相信柏拉图式的美好生活的可能性，而是不愿相信，因为他们觉得非常不现实，正如卢梭所指出的，人性往而不返，人类已经步入政治社会，这是无法改变的现实。人性的自由和幸福必须从政治社会中寻找可能。现时代的社会因资本和市场的初步出现，开始颠覆高贵与低微的等级区分，呈现出大众社会的形态。因此，现代性思想家们更愿意相信人性的低点以及由此更稳妥地带来普遍的成功和幸福的现实生活的美好。他们从人性的激情和恐惧出发，把道德从天上拉回到地下，颠覆美德社会，努力构建一个符合

道德可教的涵义与方式

"人性的"、符合自然法则的现代性的社会；用权利替代德性，把人的道德要求降低到最低。由此决定了古今道德的分裂：古代道德从哲学上探讨何为"美好生活"，究竟什么是"好的"[①]；现代道德则无所谓"好"，只有诸"善"共存，它追求的是何为正当的生活，平等与权利成为现代性道德的核心内涵。康德的形式伦理，即抛弃实质内容的道德考虑，着眼于人与人之间的形式约定和普遍规则的自觉义务，就是从哲学上为现代社会方案所作的辩护。卢梭是个很特别的现代性思想家，或者说他是唯一继承柏拉图论题的现代思想家，即他一方面要考虑柏拉图探讨的人性最高可能性，另一方面又要考虑大众社会的普遍人性自由和幸福问题。所以他一方面构筑起一个基于人人同意的"公意社会"，另一方面又在公意社会之上构造起人性最高可能性的榜样人生。但是这种人性最高可能性的探讨不同于柏拉图，或者说他是寻求人性普遍自由的最大可能性限度，即在一个大众社会里人性可能的自由和幸福。

中国正在进入现代性，其现代性社会方案和现代性道德必然有别于西方的设计，这是由中国自身的文化决定的。市场经济是中国的经济模式，也是社会模式，通常与市场社会或大众社会模式相适应的是以人性自利为基点的个体心性绝对价值秩序的确立，以人人权利平等为基础的形式伦理，以及感性和理性都发达的个体性社会和普遍规则的社会。但中国文化的特点是，感性和理性均不发达，情感文化高于理性文化，由情感文化决定的集体文化价值与个体文化价值同时并存。这种文化特点如何与市场社会模式相整合是中国进入现代性面临的重大问题。我们是否要推进感性和理性的高度发达，如果要推进，那么如何实现与情感文化和集体文化的相互整合，或者说情感文化和集体文化保留何种位置和领域。我们是建立以个体心性绝对价值秩序还是建立以集体价值为主导的绝对价值秩序，集体价值秩序如何与以权利平等为基础的普遍伦理相兼容。道德体系的建立绝不是一种形而上学的思考，而是受特定社会文化与历史文化的影响和制约的。中国

[①] 柏拉图的一篇对话中谈到哲学生活要服从于政治，但在《申辩》和《斐多》中还是强调哲学生活优于政治生活。因此，他是从哲学上而不是从现实政治需要层面探讨道德问题。

现代性道德体系实际上是现代性社会方案的反映。我们要建立的道德体系既有别于柏拉图的德性，也应有别于西方现代性道德。其一，中国现代性道德的基点不是对人性卓越的追求，甚至也不是卢梭所推崇的好公民道德。我们一度对人性卓越有过片面的理解，把人性卓越定位于卡托式的好公民道德，把道德建立在人性不可欲求的高点，不单把它作为最高的道德价值追求，而且作为社会的普遍现实要求。道德的确立需要以人性化为基点，但人性是什么？如何区分和定位人的个体性和社会性？这些问题尚缺乏系统论证。因此，道德体系的建立基本靠实践的探索了。其二，中国现代性道德也应区别于西方现代性道德。把道德的基点建立在人性的低处固然稳妥，但割裂中国文化的现实因素而另造道德体系也是危险的。市场社会和大众社会确实需要如霍布斯所说的降低道德目标，确立起大众道德，即一个基本的公共道德规范，但中国文化的特点是私人道德修养在公共道德体系中发挥重要作用。公共道德体系中，个体道德修养和情感必定继续发挥作用，但应当有所改造，即加强公共的理性交往规则建设，加强个体道德权利和尊严的价值观构造。概言之，道德体系在进入现代性时面临着双重困境，一方面是传统道德被现代化进程击碎，另一方面又未能在理论上建立新的道德体系。其核心问题是绝对价值秩序的建立，即是以个体心性秩序为主还是以集体价值为主导。理论问题没有解决，必然导致社会意识形态的道德价值获得个体认同的困境。这种困境的后果就是，公共领域的道德秩序的维护基本上依赖于个体的道德认识和道德修养，缺乏基本的道德理性规则和制度，也正由于个体道德认知和修养水平存在重大差异，所以道德秩序经常有一定程度的失序，失范行为时常出现。绝对价值支点和道德基点的缺乏必然导致道德制度的缺席，而道德制度的缺席意味着道德底线的缺乏，进而表明道德领域过于宽泛。道德依赖于人的内心良知和反思羞愧感，但也正因为如此，道德领域不应过于宽泛。由于人性的善与恶的可能性，宽泛的道德领域完全交给人心，必然存在失效的可能。因此，建立道德制度是必要的。这些问题从根本上说，都源自于现代性道德未能从理论上加以构建，进而使实践中的道德教育模糊和低效，难免困境重重。

我们可以比较一下中西方学校道德教育的出发点。西方学校道德教育的基本出发点是培养合格公民，而不是"好人"。"好人"与合

❖ **道德可教的涵义与方式** ❖

格公民是两个不同的问题。其基本分歧在于：①"好人"是个没有完全脱离公共领域的私人领域内的问题，① 公民是个公共领域内的问题；②"好人"是从哲学上对道德的探讨，它强调的是"什么是好的生活"，合格公民则是从政治上对道德的要求，它是对公共领域提出的"应该如何"的道德要求；③合格公民教育是从人性出发的，它认为人性是自利的或者说是可恶的，人不可能达到至善，而"好人"教育也是从人性出发，认为人性有其卓越性之潜能和表现，相信人是可以达到至善的，至少相信人性之卓越是可以且值得追求的；④"好人"与合格公民的道德教育内容是不相同的：前者强调人性之自由和卓越的可能性，后者强调个体与他人和社会的道德义务，也包括个体道德权利。而且，"好人"与合格公民往往是冲突的。"好人"追问的是何为"美好"生活、何为"高尚"生活，其依赖于"真理"而生活；合格公民追问的是基于同意的正义生活，其依赖于信仰和习俗而生活。"真理"与习俗自然是相冲突的，那么，"好人"要在习俗中追问真理，老是要捅破大众的精神保护层，日子当然不好过。苏格拉底老是逮住别人问"什么是……"，自然不讨大众的喜欢，雅典民主政制也不会放过他。大众当然喜欢过习俗的生活，而不愿过沉思的生活，因为习俗的生活过得很稳当，而哲人生活或"好人"生活得很累，于己也没有什么好处。卢梭在这一点上汲取了柏拉图的智慧，他在《论科学与艺术》中指出，用知识取代意见必定会威胁到社会，从而哲学与自由社会以及政治美德是不相容的，因为社会的要素是信仰和意见；自由社会要求的是公民的服从而不是哲人对共同思维的破坏；自由社会要求的是习俗性的平等，而古典德性要

---

① 在柏拉图那里，"好人"教育实际上是个哲学教育问题，即对"何为美好生活"的追问这样一种哲学教育。由于哲人并不愿意进行统治——因为哲人的生活是与大众和政治相冲突的，但哲人要在城邦中实现自身的生活方式又不能完全脱离政治，否则会被政治所"杀"，所以，哲人需要与政治保持一定距离。柏拉图的《理想国》中探讨了哲学生活实现的最高可能性，即哲人当统治者以及一个正义的德性城邦。所以，哲学教育问题本来是个私人问题，但又不得不成为一个公共问题。

求的是自然的不平等。① 所以，卢梭显然看到了柏拉图的问题，他也确实从古典观念的名义来攻击现代性，但由于他仍然是接受了现代自然状态学说从而偏离了古典观念。卢梭同霍布斯、洛克一样，用基于同意的正义或权利替代了古典的"自然正当"②，从而推进了现代性的危机——虚无主义。③ 因此，卢梭等现代性思想家放弃了坚持"好人"及其教育问题。④

在理解了西方"好人"道德及其教育的内涵之后，我们需要看看中国的"好人"道德及其教育是怎样的。儒家经典《大学》开篇有言，大学之道，在明明德，在亲民，在止于至善。儒家经典中的"善"绝不同于柏拉图笔下的"善"，前者意指的是人的品性的完美，比如多么的谦虚、多么的礼貌、多么的"慎独"、多么的无私、多么的仁义、多么的"克己"。总之，儒家的仁义道德是一个圣人的道德，讲究的是一套修身的功夫；后者意指的是"理式"和人性的卓越。当然，两者也有共通的地方：比如儒家的"舍生取义"，强调义高于生命，类似的认识也可在苏格拉底身上看到，比如苏格拉底坚持为"好"的理念而赴死。在中国有段时间就强调大公无私、奉献精神等，这无疑继承了儒家的优良传统。当今的道德教育多多少少还可以见到圣人教育的影子。需要看到的是，中国的"好人"道德及其教育根本不是柏拉图意义上的哲学那种探讨所具有的内涵。中国的"好人"道德及其教育根本就不追问"什么是好的生活"，而更多的是政治及政治教化的产物。但问题是，中国的"好人"教育不仅仅存在提高道德境界问题，而且更重要的是，它强调个体道德修养并因此可能违背应有的公共道德规则。好人道德未必是好公民的道德。无

---

① 施特劳斯：《自然权利与历史》，彭刚译，北京三联书店2003年版，第263-265页。

② 施特劳斯：《自然权利与历史》，彭刚译，北京三联书店2003年版，第272页。

③ 施特劳斯：《现代性的三次浪潮》，载贺照田编：《西方现代性的曲折与展开》，吉林人民出版社2002年版，第86-97页。

④ 在《爱弥尔》中，卢梭看起来是要塑造一个全新的人，或者用他的话说是"自然人"，但是这个"自然人"仍然不是"好人"，因为他所塑造的社会是基于全体同意的社会。

❖ __道德可教的涵义与方式__ ❖

疑,中国在现代化进程中,尤其需要公共道德教育,但中国文化强调的私人道德修养必定会进入公共领域。本来,私人道德修养应高于公共领域道德,但就中国传统道德文化看,很多东西可能对现代社会的公共道德规则构成冲击。因此,不但私域道德确实需要在公域道德体系中进行改造,而且相应地,好人教育也需要改造。

第二个问题是,道德可教的内涵是什么,即我们在什么意义上可以说道德是可教的。关于道德是否可教有两种对立的观点。这种纷争与对"道德"和"教"的理解有关。道德并非是知识,而是一种实践的生成,显然无法传授,但它并非不可教。道德是否可教,关键取决于对"教"的理解。如果把"教"理解为传授是一种根本性的错误,事实上即便是知识也并不能完全说是可以传授的。知识教育的意义也不在于经过简单的传授而使受教育者获得某些知识,而是在于对意义的理解。道德可教同样是一种对他者和世界的理解的教育。道德可教,意味着它经由教育实现对他者和世界的道德理解和通达,进而实现对他者和世界的自我道德意义的建构。

道德是生成的,而且其生成是具体的、变动的,作为一种知识体系可以传授给他人,但很难说可产生相应的道德行动。道德知识论无法应对变动的现实世界。知道并不必然导致行道。一个人的道德行动存在很多偶然性,甚至说,道德行动与道德理性认识没有直接的关联,但道德行动一定是特定社会结构中的产物,自觉或不自觉地被结构化的东西所塑造和影响。所以,道德行为的构造可能存在一个道德理解和通达的过程,而这种理解和通达并非是指充分的理性认识,而更多可能的是一种经验的体悟或情感的共通。即通过对周围道德环境的认识,对他人和集体道德言论或道德价值的认识,对他人和集体的道德行动的体验,构造自我的道德价值(可能是朴素的和粗糙的),进而产生可能的道德行动。所以,道德可教是可以先定位于道德理解和通达的教育过程,而不是定位于道德的生成。同时,道德可教的"教"不一定要指知识的传授或认识的灌输,它可以指某种道德环境的提供。

道德可教是道德的理解和通达过程,而这里的"理解"并非是指某种理性的论证或推演,它可能是身体经验的感悟,可能是情感的共通,也可能是道德的信仰。正因为如此,道德的理解和通达存在个体差异和偶然性，与某种普遍性的东西必然难以契合，比如道德品性就是一种长久性的体现，道德规范就是普遍的抽象规定。那么首先必须问，道德品性可教吗？在亚里士多德那里，伦理德性大体是沿袭风俗习惯而来，无法经由知识的传授而获得，而只能是通过习惯的养成而来。或者说，伦理德性可以在概念上是真实的——任何社会都有一套关乎伦理德性概念的界定，但在实践中并不必然为真。也即是说，即便掌握了一套有关伦理德性的知识，也并不必然具有相应的道德品性。如果道德品性不可经由知识传授而来，那么，学校道德教育如何培养人的道德品性呢？道德可教仍然是一种道德上的理解和通达过程，但这种理解如何能保持人的道德习性呢？这取决于道德环境。所谓风俗习惯，无非是社会约定俗成的一套社会结构性的东西，是一种道德环境。所以，品性的养成主要取决于环境的不变，而不在于理解。

那么，道德规范的遵守可以经由教育获得吗？"规范"总是某种普遍性的东西，它总是发出"应该如何"的命令，而道德情境总是具体的、偶然的，那么个体何以能够遵守某种普遍性的规范？作为一种普遍性的规范总是以忽略个体差异为前提的，它要求人们过一种"标准化"的道德生活，但人们既可能破坏规则也可能根据具体道德情境做出多种选择，而不是唯一选择。普遍性的规范总是无法解释各种具体的情境，"应该如何"是一种规劝性质的教导，总是站在自身的立场和自身的理解去要求他人，虽然它为"应该如何"找到的依据可能有很多，但那些依据无法解释所有的场景。

生活中总是存在着很多的道德冲突。人们在一件事情上无论选择做还是不做，都可能违背相应的道德规范。比如，一个身无分文的人在荒野之地遇到一个快要饿死的人，是偷点吃的东西救人还是不偷东西不救人？偷与不偷都面临着不道德的问题。而道德规范之间在道德价值上并不存在按照大小进行排序的可能，道德规范无法在道德价值上进行比较，不能说"不许偷盗"比"不许撒谎"就更有道德价值。既然道德规范之间存在冲突，那么，道德规范之灌输式或说教式的教育何以具有效力？当然，学校可以提供道德选择教育，通过道德案例，辨别具体道德情境下的选择，增强价值判断能力，但这仍然是道德认知教育，而不是道德实践。它是一种道德理解，但不是道德理解

❖ 道德可教的涵义与方式 ❖

的全部内涵，因为道德理解还包括非理性的认识，或经验的和情感的体验感悟。后者可能比某种理性的认知对道德实践的生成更具意义和价值。

不仅偶然性的德性卓越是难以通过普遍的理性规划的教育而获得，即便是具有普遍意义的道德规范也难以经由教育而获得，因为无法推定特定的道德认识和思维就必然产生特定的道德行动。道德生成主要是个实践问题。人们在理论上寻求的道德普遍性的基础，不过是形而上学的思考，道德的生成是在具体的生活实践中获得的。人的经验性的和偶然性的道德生成总是受社会结构制约的，因此道德环境非常重要。经由提供的道德环境，包括道德语言和行动的环境以及其后蕴藏的社会和历史文化环境、道德榜样以及道德奖惩机制环境，通过自我的体验而生成具体的道德行为。如果说环境育人的话，那么道德教育实际上具有诸多的偶然性。实施特定的道德实践也是一种道德环境的提供。通过实践，个体加强了道德体验，既获得某种道德体悟，也可能养成一些道德品性。在此过程中，学校可能仅仅是组织教学，为学生提供交往的世界。所以，道德可教的内涵恐怕更应定位于使学生加深对道德世界的理解、通达和建构的教育，定位于道德环境的提供和营造，定位于具体的道德实践体验的教育，而不应定位于具体的道德生成。但即便作如此定位，我们也很难找到普遍的教育规则，因为这样的一些内涵都暗含着诸多的偶然性。道德理解和通达就有很多的偶然性，因为道德的理解并非如自然科学知识或客观知识那样具有自明性，它充满着个体的解释性，它总是开放的，依赖于个体理解的前结构性。因此，道德可教的"教"有很多的经验性或艺术性，但缺乏科学性，也因此，道德教育的效率始终是个问题。

第三个问题是，如果对道德可教的内涵作以上定位，那么，学校道德教育的路径和方式都要作相应的转变。道德可教的首要内涵或前提条件是确立合适的道德内容，内容不当，必然无法可教。而可教内容的选择是相对于特定教育对象而言的，为此需要结合现代性道德体系加以考虑。其一是，教育的出发点是培养学生卓越人性还是使学生合乎道德？是使人"更道德"还是不是不道德？即是一种积极性的进路还是消极性的进路？人性既然有卓越表现之可能，为什么学校道德教育不以或不可以扬善为导向？这不仅仅是因为人性卓越表现的偶然性存在问题，而且还因为人性有作恶的可能，并且善端并不能根除人的恶端。对于一个社会而言，人性卓越固然值得向往，但恶的泛滥与社会道德秩序的失序则是最致命的危险。现代社会是个大众社会，道德可教的内容必定是针对大众的道德内容，这种内容决定着学校道德教育的路径选择。其二是，学校道德教育如何既着眼于公共领域道德培养，也着眼于私人领域的道德修养。如果把道德定位于人性的低处，定位于抑制恶的更少产生，那么就应当着眼于公共领域道德培养。公共道德实际上是人的道德权利与道德义务的形式约定关系。公共道德教育应当是交往中的实践教育。而私人领域道德教育虽然也要通过交往得以完成，但主要是通过内心自省。就现代性而言，道德教育应当对公共领域道德与私人领域道德修养加以区分，并凸显加强公共领域道德教育。但就中国文化而言，私人道德修养成为维系公共道德的重要方式，这固然跟公共领域道德教育不够有关，但如何在强化公共道德教育中融入修养教育却是值得考虑的。其三是，学校道德教育如何采取一种消极性的进路。采取消极性的进路，不仅需要重建道德教育体系，而且更重要的是建立道德基本制度，特别是惩戒制度。消极性进路，意味着要守住底线，而底线的体现就是道德惩戒制度。道德惩戒制度，区别于道德内省方式和人性卓越激励机制，它旨在缩小道德教育领域，是应对道德内省不可靠的一种策略。

　　既然道德可教有特定的内涵，那么学校道德教育方式也需要进行相应的转变。首先需要探讨如何增进学生的道德理解。由于教师的道德语言与学生的道德语言之间存在不通达的地方，因此要求教师要贴近学生的道德语言，这存在着较大的困境。教师的道德语言并不仅仅是道德说教，实际上所有的学科教学语言都间接成为道德语言，因为学科教学就是使人理解和通达世界的方式。不管是自然科学还是人文或艺术的教育实际上都是使人更好地理解世界和通达世界，进而建构起自我的意义世界，因而也是一种道德的教育。所以，学科教学如何能更好地丰富和加深学生对世界的认识和理解，成为学科教学的重要的德育内涵。其次，需要探讨学校如何提供特定的道德场景，包括道德榜样、良好的道德周遭环境，即较好的道德言语和道德行为环境以及恰当的道德奖惩机制及其运用。但问题是，除了道德奖惩机制和道

❖ **道德可教的涵义与方式** ❖

德榜样的确立可以进行相对确切的设计,道德语言和行为环境是比较难以控制的。它存在很多的偶然性要素。但也正因为如此,强调道德奖惩机制的建立就非常重要和根本,也可以说,道德奖惩机制是改进道德语言和行为环境的一种制度救济方式。最后,需要探讨如何提供集体的道德言语交往和道德行为交往的生活世界,让学生在生活世界中接近对他者和世界的理解与通达,从而实现自我道德言语和道德行为的构造。这其中包括如何改进道德说教,更好地丰富学生的道德世界和意义。

第二章 道德及其教育的内涵

一、人性的多元两重性

（一）人的存在的现实性与可能性

道德以及道德教育都是关于人的，因此必然涉及人的问题，而且是集体的人的问题以及人的可能性存在问题。对人是什么这个问题，通常的思路是把人与动物作比较，从中区别出人的本质，即把人看作是一种理性动物。除此之外，关于人是什么还有许多不同的视角，视角不同，对人的界定就不相同了，比如"自然人"、"经济人"、"宗教人"、"社会人"。

"人是什么"是自古希腊以来一直探讨的一个问题。所谓人是什么的问题，也即是人的本质的问题。首先需要问的是，人究竟有无本质性？所谓本质，是指一种普遍性的规定，而不是偶然性的东西。那么，对人的本质的追问能否得出像自然科学家研究物质的本质属性那样的结论？卡西尔认为是不可能的。在《人论》一书中，卡西尔在概述了两千多年来西方思想史上关于人的问题的各种哲学理论以及简要评述了对回答"人是什么"所使用过的方法后，对人的本性有过这样一段论述：

《符号形式的哲学》是从这样的前提出发的：如果有什么关于人的本性或"本质"的定义的话，那么这种定义只能被理解为一种功能性的定义，而不能是一种实体性的定义。我们既不能以任何构成人的形而上学本质的内在原则来给人下定义，我们也不能用可以靠经验的观察来确定的天生能力或本能来给人下定义。人的突出特征，人与众不同的标志，既不是他的形而上学本性也不是他的物理本性，而是人的劳作（work）。正是这种劳作，正是这种人类活动的体系，规定

道德可教的涵义与方式

和划定了"人性"的圆周。语言、神话、宗教、艺术、科学、历史,都是这个圆的组成部分和各个扇面。因此,一种"人的哲学"一定是这样一种哲学:它能使我们洞见这些人类活动各自的基本结构,同时又能使我们把这些活动理解为一个有机整体。①

如果从功能性的角度来界定的话,人就是一种"符号的动物",人的本质就在于人的无限的创造活动,人的生活世界之根本特征就在于,人总是生活在"理想"的世界,总是向着"可能性"行进,而不是像动物那样只能被动地接受直接给予的"事实",无法超越"现实性"的规定。

尽管卡西尔对人的界定是从人的符号制造这一维度进行考察,进而可能遮蔽人的其他本质性规定,但无疑这一洞察是深刻的。其深刻之处在于,他把人的定义从形而上学和人的物理属性中解放出来,从人所具有的劳作中揭示人的特性。"劳作"是个非常重要的概念,劳作的过程既是符号制造的过程,同时是人接受符号的过程。正如海德格尔所说的,人是被抛的存在,人一生下来就处在特定的社会结构中,这个特定的社会结构或许可以说是卡西尔所说的符号秩序,但人又不是被动地接受符号和社会结构,人同时具有创造性。所以,人既是现实性的存在,也是可能性的存在。作为现实性的存在,人要接受既定的社会风俗、习惯等在内的社会结构的制约,包括思想与行动的制约,甚至是人自身的前结构和前视域的制约;但人作为可能性的存在,总是在劳作中有所创造,又同时在集体的交互作用下改变既有的社会结构与构造新的结构。正是由于现实世界的复杂性,而人又有着"做事"的自由和选择性,因此存在问题变得极其复杂,道德的困惑由此产生。

人性受到社会条件的影响,因而在不同环境下表现出来的特点是不一样的。人是生活中的存在,人性总是在生活中体现出来,不同的生活有不同的人性表现。在一个物质生产简单的社会里,追逐私利的空间并不大,爱情、友谊、荣誉成为人们主要的生活意义,人们当然主要关注于这些东西;但在一个物质相当丰富的社会中,追逐物质的

---

① 卡西尔:《人论》,甘阳译,上海译文出版社1985年版,第87页。

空间前所未有的大，物质、成就感成为人们主要的生活意义所在。很显然，这两种社会中表现出来的人性方面是有差异的。当然，这不是说现代社会里的人性方面在古代就没有，而是说表现上有强弱。在此，不能说现代人就遗忘了生活的本来意义，而是说人们更需要物质生活；相应地，也不能说现代人就遗忘了美德、德性或人性的卓越，而是说做一个道德平庸的人更合适。因此，人性总是在特定社会结构和环境下的人性，它是具体的而不是抽象的，也因而是变化的，即它是现实规定下的被动性和习惯性存在，但也是多种可能性的存在。

（二）人的理性与非理性的存在

尽管卡西尔反对研究抽象的人，致力于把握现实的人，但他对"人是什么"的回答仍然是很抽象的，因为在他的界定中，"人"依然是抽象的，完全融化在"符号"之中。人的语言和思考都是符号的表达，而且是意义的表达，但符号不是身体的全部。人确实具有符号功能，符号活动也的确是人类很重要的实践活动，但是需要问的是，人类的符号功能从何而来？卡西尔也无法回避这个问题。他承认，在人的意识结构中有一种先验的符号构造能力。因此，他对人的界定实际上还是抽象的，从而完全忽略了人的情感的和现实的存在。并且，他对"人是什么"的回答也是从人与动物的相区别中找出的，这与"人是理性的动物"的论断存在着相似的问题：即仅限于从人与动物的一个区别来把握人的本性，进而把这个区别看作人的唯一本性，而没有看到人与动物在情感上的本质区别。

人是一种理性的动物，这个论断固然是正确的。亚里士多德早就说过，人天生是一种政治动物。但是，这个论断是从人与动物相区别中做出的一个维度的观察。问题是，这个论断是不是人与动物最为根本性的区别？进而，它是否是人的本质所在？或者说，人是理性的动物是不是回答了人是什么的问题。

其一，人是理性的存在这一提法否定了或者遮蔽了人是非理性的存在，进而忽略了人的其他本质性的规定。"人是什么"，是一个很复杂的问题，对此作任何一种回答都是对另一种可能性的遮蔽。其二，人有情感与欲望，动物也有，但不能因此说情感与欲望就不是人的本质性规定，就不是人的本质所在。水在零下温度与零上温度就不

❖ 　道德可教的涵义与方式　 ❖

是量的差别了，而是质的差别。量的区别在一定程度上就是质的区别，表面的东西有时就是最本质的东西。① 人的情感与欲望根本上有别于动物的情感与欲望。马克斯·舍勒把人的情感样态分为四个不同的层次：①生理的感觉状态，如疼痛、发痒的感觉等；②身体或活力的感觉状态，如虚弱、焦虑、生病、健康等；③心里感觉状态，如悲痛、高兴、哀伤；④位格（person）的精神情感，如极乐、绝望、良心的折磨、平和的心境、悔恨等。② 显然，像良心这样的道德感并非是动物所具有，而是人所独有的，可以说是人的本质性存在。在舍勒看来，人是一种精神的存在。当然，精神既有理性的也有感性的。不过，舍勒并不把精神划分为理性的和感性的，他认为这种划分是不合适的。因为依据这种划分，全部情感生活必须依属于感性，而人类的情感领域具有自身的行为合法性，有其自身先验的内容——爱，爱不是从理性和意志中演绎出来的。

在前康德时代，人被构想为一种超越于自然或与自然相对的存在物，如灵魂、实体、认识的存在、自我、理性的动物，或意识的灵魂。而现在，按照弗林斯的说法，欧洲的哲学已经从亚里士多德的理性的动物，从笛卡儿的"我思"和康德的先验的统觉转向人的生存。③ 这就是哲学上的实践理性的转向问题。人或许具有先天综合知识，但人总是实践中的存在，是实践理性、伦理和情感的存在。舍勒就力求从人的整体性存在来回答"人是什么"的问题。在舍勒看来，人与动物的本质区别是精神的存在，它使人类生命摆脱冲动和本能，摆脱对环境的依恋。动物是受环境的制约的，而人则可以改变环境，人的实践形成了一个人化的世界和一个对象化的世界。所谓精神的内涵，也意指自我的客体化世界。舍勒认为，精神具有三种确定性：①精神由事物的内涵来决定，它与受制于本能、冲动或有机状态的其

---

① 我们知道，柏拉图的哲学全是采用对话体的形式，而康德哲学则是体系化的，这种形式上的不同决定了二者哲学上的根本性区别。所以施特劳斯对他的弟子们说过，表面的东西往往是本质的东西。又如，两栋房屋，一栋是土砖的，一栋是石砖的，如果从材料结构上看，材料不同可能是二者根本性区别；如果从形式上看，设计上的不同就是二者根本性区别了。
② 弗林斯：《舍勒思想评述》，王芃译，华夏出版社2003年版，第35页。
③ 同上书，第18页。

他形式截然相反；②精神以爱的形式导向世界，它独立于欲望；③精神的最基本规定是具有区别本质与存在的能力。① 舍勒关于人的精神性存在的观点并不表明舍勒仅仅把人视为精神性的存在，或者将人的本质特征减少至人的精神这一个标准，相反，他是不断地试图把人作为整体性的存在来把握。

现在有一种比较流行的观点认为人是生活中的存在，不过，对什么是生活这个问题大概也是莫衷一是。同时，学者们对"生活"作了很多种的分类。亚里士多德把它分为实践生活和理论生活。还有的把它分为日常的经验生活和科学生活。不管是对"生活"概念的解释还是分类，事实上不过是回避了通常的对人的本质的界定，但归根结底没有脱离或预设人是理性的、人是情感的、人是有价值判断的诸如此类的断定。

人在生存中具有自己的情感与欲望。人固然是有理性的，但人并不总是按照理性行事。休谟在探讨道德的动机时指出，人的道德行为并不是出于理性，而是出于欲望。人的欲望可以包括两个方面，一是身体的欲望，比如吃喝等；二是灵魂的欲望。这两种欲望本身并没有高低之分。人们通常认为身体的欲望即是自然的本能，是较低级的，而灵魂的欲望，如想获得他人的承认是高级的。马斯洛就持这样一种看法，他把人的欲望分成几个等级。其实，人的欲望都是自然的，都是人性的体现。

人是情感与欲望的存在，理性只是情感与欲望的工具，或者说是满足情感与欲望的手段。人从表面上看起来很多时候是理性地行事，但其背后往往存在某种情感与欲望。比如说一个人想报考研究生，显然他是经过理性地分析的——报考什么专业、什么学校以及毕业后可能的收益，但其报考研究生背后显然存在某种欲望。人是情感与欲望的存在，但并不表明人唯情感与欲望是从，除了一些本能欲望之外，其他的欲望要想获得满足，往往要经过理性的计算与考虑。人们在道德实践中，很多行为往往出自习惯，也即是共同体内约定俗成的规范，在面对没有现成的道德规范的情况下，人们也主要是经过道德直观来判断，简单说就是依据善与恶的直觉标准，而不会经过道德上的

---

① 弗林斯：《舍勒思想评述》，王芃译，华夏出版社2003年版，第24页。

◆ 道德可教的涵义与方式 ◆

反复权衡。比如在公共汽车上遇到歹徒行凶，挺身而出的行为显然并没有经过理性的权衡，而是出乎一种正义和一种勇敢的品性，或者说是如舍勒所说的一种道德的召唤。

既然人是情感与欲望的存在，因此人是有缺陷的。如果人完全服从理性，那么只要接受理性的训练，按照理性的规则行事，人就可以达到完善。而人的灵魂中正是有了情感与欲望，所以人并不是理性地行事与做人，人也就不是完美的，但这并不能说人性没有卓越性。人性中有卓越的因素，或者说有卓越性得以展现的潜能，但其卓越性并非完全是理性所致。人的非理性既可使人卓越，也可使人经常犯错误。生存的困惑在于此，道德的困惑也在于此。

（三）人作为善恶的存在

人的情感与欲望的最首要的规则就是保护自己，维护自身利益，谋求个体的生存与发展，同时免于他人的侵犯与干扰，维护个体自由。人是群居的，必然需要相互合作与交往，这在前政治社会和政治社会都是存在的。之所以谋求相互合作与交往，是为了维护物种自身的生存。因此人是自利的。当然人在自身生存中也有利他的倾向，但这种利他的倾向是相互合作的需要。同时，人的自利也可以带来利他的好处。亚当·斯密有一个很好的举例，说面包师生产面包是为了谋求自己的生存，但卖出去的面包也可以给别人带来好处。休谟认为人之所以具有利他倾向，是因为人有同情心[①]，即是说，人因为自身具有相同的情感，从而可以感同身受他人的情感。人的这种利他倾向并不能表明人的本性是利他的。就个体而言，人的自利本性无所谓善与恶，因为本性的东西就是自然的东西，而自然的东西是没有好与坏之分的，正如吃喝玩乐无所谓好与坏一样；但就人类整体而言，人的自利本性有善与恶之分，因为善与恶是一种关系中的判断，善与恶总是以自我为出发点进行判断的。我们说善与恶总是依据他人是否有利于或侵犯另一个人或一群人的自利本性所追求的利益。如果个体行为在自利的同时并没有触犯他人利益，那么我们不能说其行为是善或者是

---

① 休谟的"同情心"与我们日常语言中的同情心具有不同的内涵。

恶，因此一些行为是无法用道德来加以考察的。

现代性思想家霍布斯认为人性在于自我保护，亚当·斯密认为人性在于自利，休谟认为在于情感。中国古代有性善论、性恶论和非善非恶论。不同的思想家对人性的认识之所以不同，主要在于他们观察的角度不同。亚里士多德是从理性与感性之分的角度谈论的；现代性思想家剔除了人性的善恶问题，把人拉回到现实的存在，从人的激情、恐惧等本能角度谈论人性；性善与性恶论是从价值的"应然"和"实然"角度谈论人性问题。人性如果非要从价值上给予区分，就很难说人性本善还是本恶，因为假定人性本善，那么就必然要追寻人性何时何种原因变坏的问题，但事实上又无法确切地知道。实际上，人性本善与本恶的语言假定都暗藏着人性可能变善也可能变恶，所以，人性存在着善与恶的双重趋向。

人是很复杂的动物，从整体上把握人的存在是不太可能，因为有多少种话语就有多少种建构。人是理性的动物或者人是符号动物，都没有错，都可以解释一些问题，但也有各自的局限。人性问题就更复杂，自利、自保、性善与性恶，都有道理，因为这些语言对人性的描述虽然是一种假设，但都来自于经验的认识和构造。本来，人也与动物一样都是自然的存在，因此，人的行为和本性也就无所谓善与恶，所谓善恶之分不过是人类自身的语言建构。那么，人类为什么有这样一种伦理上的建构呢？我想大概有两种原因，其一是出乎人类生存之需要，没有善恶之分，人的观念和行为的构造必然失序，人类社会必然陷入混乱。而且就人类自身而言，人总是集体中的存在，个体需要在集体的观念与行为体现出来的价值显示中寻求稳定性和安身立命之基础。其二是政治社会之需要。政治社会的起源在霍布斯、洛克和卢梭那里都用一种社会契约论予以解释。他们认为在社会之前有一个自然状态，但对于自然状态有不同的解释，霍布斯认为在自然状态下人与人处于相互战争的状态；洛克认为在自然状态下人有种种不便；卢梭认为在自然状态下种种不利超过了人类自存的力量。自然状态当然是一种假设，但这种假设并非是先验的设定，而是基于人现在具有的破坏性倾向或人性恶的倾向所作出的经验判断。就社会统治而言，为了使社会关系处于一种可以自存的状态，立法和政治制度设计都需要对人性恶加以控制和引导。由于政治社会追求的是一种正当（即利

❖　**道德可教的涵义与方式**　❖

于人类自存）的秩序，所以，立法、政治制度的设计本身就是一种伦理教育，都是着眼于善恶之分。

从善恶之分来看，人性既有善的也有恶的一面，这也是人的可能性存在的表现。人性何以有善或康德和卢梭所说的良知，这是因为人有感同身受的本能。也就是休谟所说的"同情心"，即人有一种感同身受的情感体验，会因为他人的欢乐而欢乐，也会因为他人的悲伤而悲伤，这种感同身受的情感体验使人可以实现对他人的通达，进而实现对自我道德的建构。正是由于通达他人的情感，才使自我具备一种内心情感的拷问力量。人所具有的道德良知，实际上是人的羞愧之心的作用结果，即通过情感的移情作用反思拷问自身的结果。但人又有堕落和作恶的一面，因为人也是欲望的存在。从舍勒对人的情感本性的解释可以看出，欲望是人的行动的原始动力，理性不过是计算的工具。人的欲望不同于动物的欲望，不只是满足于简单的本能，而是复杂的、无止境的。如果人只有简单的欲望，人就与动物没有什么区别，即便人具有理性。如果人只有动物般的欲望，人类也无须规范，也不会有生活。正是人的欲望才导致人类的发展。因此欲望并不必然导致恶的产生，只有当欲望超越了社会许可的范围才可能有恶的产生。从这个意义上说，并没有绝对的人性。人性总是个体性与社会性之间关系的产物。好的社会就在于在人道的范围内为人性提供最大可能限度的自由和幸福，而社会存在的唯一合理的依据也正在于此。这正是卢梭对现代社会方案设计的探讨最为紧要的地方。人们以人性恶作为人性的假设，实际上同时暗示着人性的善的倾向，作为各种制度设计的人性前提是为了引导人性之善。

综上讨论，人性具有多元的两重性。人作为可能性的存在，不仅表明人对新的结构的构造，而且表明人性可能有卓越之表现，但同时也有作恶之表现，或者无法用善与恶来界定的自利之本性。人作为理性与非理性的存在，都可能存在卓越和作恶之表现。道德教育如何认识非理性的人性卓越和控制约束非理性的人性恶，以及如何对彰显卓越、引导善和控制恶作出定位，极其重要，关乎道德教育的有效性问题。

二、道德的内在悖论

我国理论界关于道德的定义主要有三层意思：①道德是社会上层建筑和社会意识形态范畴；②它反映了人们的社会关系，是调整人们相互关系的行为规范的总和，它广泛渗透于各种社会关系，广泛干预人们的一切社会生活；③它的反作用方式是，通过教育和社会舆论，形成人们的内心信念，以约束人们相互关系的行为。① 简单说来，道德就是一种社会行为规范，它依赖于人的内心予以约束。这样一种界定是从社会设定的角度，把道德定义为某种外在的规范，忽略了人在建构道德中的主动性和作为形容词的道德的真正内涵。

什么是"道"？从语言学意义上讲，"道"就是道路，引申为途径、规则、规范、规律等。《论语》中所讲的"道"主要有这么几种含义：一是指道路和途径，二是指规矩和规范，三是指社会和政治的最高原则和做人的最高准则，四是指道理和学说。② 什么是"德"？一说是德字见于《周书》，金文从心，指内心的情感和信念。二说是"德者得也"，许慎、段玉裁：《说文解字注》："德"通"得"，③"内得于己，谓与心所自得也；外得于人，谓惠泽使人得之也"，"德"就是表示好行为的成果和作用。孔子说的"为政以德"，《左传》讲的"德，国家之基也"都是这个意思，和后世讲的"道德"意义差不多。"道"与"德"两个字合起来用是始于春秋战国之时，《礼

---

① 刘杉林："关于道德的本质问题"，载《理论学刊》，1995年第6期。

② 朱伯崑：《先秦伦理学概论》，北京大学出版社1984年版，第13—14页。

③ 对于"德"为何通"得"，邹渝作了比较细致的分析。见邹渝《厘清伦理与道德的关系》，载《道德与文明》，2004年第5期。邹渝首先追问的是，"得"究竟指得到什么，是得到利益还是得到精神，他援引朱熹给《论语》作注时的一段解释，即"德者得也，得其道于心而不失之谓也"。认为"德"真正要"得"的是"得道"，是得到人们行为应当遵循的各种原则和规范，使其内化于心，并能够持之以恒地保持下去。但"得道"一定是得到内化于心的行为规范吗？为什么不可以是得到人性的卓越表现或好的结果？这种好的结果难道不是内得于己、外得于人？

道德可教的涵义与方式

记》、《庄子》、《荀子》、《韩非子》诸书上均不少见。① 有的指形而上的东西，有的指做人的准则或品性。儒家所讲的道德，也就是指一种个人的品性、品行或者良心。孟子的"四端说"讲的就是人天生就有某种良知。这种道德概念基本类似于西方古代的德性概念，指人性中的某种卓越性，如勇敢和节制。现代汉语思想中的"道德"概念来自日本人对"morality"的翻译，因此，我们现在所说的"道德"与古代汉语思想中"道德"一词的含义是不相同的。英语"moral"这个词的词源是拉丁文的"moralis"，"moralis"的意思是"关于品格的"，一个人的品格是长期实践中形成的一种特定的生活气质。英语中的"道德"的早期用法译自拉丁文，被当作名词，表示某种实践性训诫。"道德的"同"谨慎"、"自利"或"合法的"、"宗教的"都不大相干。随后，它首先被通常作为"道德德性"的一部分，接着，其意义变得越来越狭窄，并成为一个谓语。到了16、17世纪，它才开始具有现代意义。② 所以，西方思想中的"道德"概念具有鲜明的现代特征，偏离了德性论的传统，从规范或规则的角度谈论道德，而西方现代的道德伦理学主要是一种规范伦理学。麦金太尔的《德性之后》，就是要寻找丢失的德性传统，在现代民主制中重建亚里士多德式的共和制下的集体观念。

由此看来，道德大体上包括两种含义，其一是表示一种个人品性或者人性中的卓越，其二是指涉社会行为规范或者风俗习惯，但这种规范最终要落实到人心或者说良知。这两种含义的演变与西方从德性伦理学沦落为规范伦理学的过程是同一的。那么，这两种表达哪一个是"道德"的根本性的、深层次的内涵呢？这样一种提问显然忽略了古代社会与现代社会的根本差异，但如果从元伦理学或哲学的角度是可以并应该作这种进一步的追问（道德教育无法作这种进一步的追问，也即它需要认识到特定社会的特点，因为道德教育并非是伦理学的探讨任务，而是社会或政治的任务）。

---

① 尧新瑜："'伦理'与'道德'概念的三重比较义"，载《伦理学研究》，2006年第4期。
② 麦金太尔：《德性之后》，龚群译，中国社会科学出版社1995年版，第51页。

第二章 道德及其教育的内涵

根据赵汀阳的解释，道德是一个前规范概念，"道"意味着任何一种事物本然的存在方式，人的道即人的生活；"德"是道的可能发展方式，或者说是道的最好表现方式。① 由于人性在于人的创造性，因此，道德就超越了"遵循"规范这一问题，而成为一种追求可能生活所获得的人性卓越。道德的本原内涵应是人性的卓越，规范只是"道德"的细枝末节。严格地说，规范并不具有真正的道德价值。这是因为，

其一，我们通常所理解的道德规范（实际上是伦理规范）总是一种"应该"的命令。既然是一种"应该如何"的命令，那么道德规范必须是一种普遍性的规范，但是规范无法为自身找到普遍性的证据。比如"不许撒谎"，人们总能找到可以撒谎的正当场合和合法性理由。事实上，生活中经常需要撒谎，这也并不是不道德的问题。相反，谎言对人是有好处的，大众需要一种谎言。宗教就是一种谎言，但人们还是需要宗教信仰，因为科学无法穷尽一切知识；在知识不能达到的地方，就必然有信仰。所以，康德要给知识与信仰划分地盘。马克思说宗教是人们的鸦片，其实柏拉图和尼采早就深知这一点，不过他们不愿意揭穿这种谎言。尼采指出，作为个体自我保存的一种手段，智力专心致志于作假。同时，由于某种必要性，个体又希望社会存在和合群，不因为各自说谎而导致社会的战争，于是，"事物的一种普遍有效和适用的名字被发明出来了"。因此，就有了真理冲动，真诚就是必要的。② 但问题是，任何一种普遍有效的规定都是人与人之间不准确的语言建构，人何以有理性准确地获知康德式的普遍法则。从这个意义上说，任何一种"应该"都有可能是不应该的。③ 所以，任何一种道德规范既可以是"应该的"也可以是"不应该的"，它无法找到正当性的基础。"应该如何"实际上既忽略了人的偶在性，又忽略了人的自由，它总是喜欢劝导人们过一种标准化的生活，即把自己的观点强加给他人。有些人喜欢教别人"见义勇为"，而自

---

① 赵汀阳：《论可能生活》，中国人民大学出版社2004年版，第134页。
② 尼采：《哲学与真理：尼采1872—1876年笔记选》，田立年译，上海社会科学院出版社1993年版，第68、101-102页。
③ 赵汀阳：《论可能生活》，中国人民大学出版社2004年版，第5页。

❖ **道德可教的涵义与方式** ❖

己从来就做不到,这本身是不道德的。

其二,伦理学应探究"什么是好的生活"或者什么生活是值得过的生活。① 好的生活就是有意义的生活,也即幸福生活。伦理规范需要根据生活的意义或者说是道德价值加以判断。道德是个价值问题,是关乎"什么是好的与坏的"(古代思想家关乎这个,现代思想家不太关乎这个,主要关乎权利、利益),而不是关于"应该"的问题。伦理规范如果根据道德来判断,当然就没有什么道德价值。

其三,道德规范起源于人们现实利益的需要,因此,对现实利益的考虑就成为人类是否遵从道德规范的依据,然而这个依据是很不可靠的,人们可以找到某种利益的借口遵从某种道德规范,也可以找到另外的或许更大的利益作为借口违背同样的道德规范。且不说人们具有各种欲望,就是同一个道德规范也可以找到不同的正当利益作为是否遵从的借口。卢梭就说过,"一种利益既可使人许下诺言,则更大的利益就可使人违反诺言"②。所以,一个真正具有道德价值的行动,并不在于是否遵从某种道德规范,而是不以利益作为考虑的、能体现人性卓越的表现。道德的真正内涵就在于此。

如果伦理表明的是社会规范的性质,道德表明的是生活本意的性质——即美好生活或幸福生活或有意义的生活或亚里士多德的德性,道德是以人的生活为基础的自成目的性的概念,那么,道德与规范这两个名词组合在一起是矛盾的。当然,在现代规范伦理学那里,它们之间没有矛盾。解决矛盾的办法就只有以道德为基础审视道德规范,也就是说,道德规范永远是人们内心的法则,它不可能获得普遍性,它只能以是否具有真正的道德价值来决定道德规范的具体化。

赵汀阳认为,伦理学的根基应在生活之中,而不是在社会规范之中;人的幸福在于获得生活的意义而不是为了社会规范。我相信这个看法是对的。但是否一切生活都是伦理学的探讨范围呢?显然不是。只有涉及到道德的生活才可以用道德价值来给予判断。也就是说,有一些生活并不涉及到道德问题。涉及到道德问题的生活可以分为两种:一是规范中的道德生活,二是超越规范的道德生活。所谓道德的

---

① 更多的论述参见赵汀阳的《论可能生活》。
② 卢梭:《爱弥尔》(上),李平沤译,商务印书馆2003年版,第108页。

第二章 道德及其教育的内涵

生活首先必然是规范中的生活，没有道德规范，社会的维系就会出现问题，一如黑格尔所说，法和道德单就其本身来说是没有现实性的，它们必须以伦理（规范）为基础，作为伦理（规范）的体现者而存在；然而，真正有道德价值的生活，必然又是超越了规范的生活——心中虽然有道德规范，但不为规范而生活，而是把规范内化为展示人性卓越的法则。人们之所以在实践中形成道德规范或者认同某种道德规范或者遵循道德规范，是出于现实利益的需要，① 当然也可能是道德习惯或遵从集体的道德约定的考虑。因而，这种规范并不具有真正的道德价值。

总之，道德规范是出于人类生存与生活的需要，它是道德的前提，规范必不可少，没有道德规范就不可能有人性的卓越；道德规范没有真正的道德价值，道德的真正内涵是人性的卓越，但道德必然有自己的规范，并且这种规范无法形成普遍性的约定。为了进一步理解，还需要作如下几种情况的分析。

其一，建构起来的道德规范由于无法构成普遍性，因而没有什么真正的道德价值。道德规范往往是人们在日常生活实践中形成的，只要有了人类，就有了道德。前政治社会，道德是人们在日常生活中形成的；并且不同的共同体有自己不同的甚至是相互冲突的道德习俗与规范。然而，道德风俗或规范是人们实践中相互认可的，也得到了相互的传播，在传播中也存有个人的价值判断，但个人的价值判断需要得到共同体的认同，因此，它并没有得到系统的构建。从历史上看，不论是在希腊语中还是在拉丁语中，"道德"在词源学上的词根是"习惯"（ethos），其最初始含义是从这个概念中引申出来的。在现代，"道德"主要是指那些规则或规范构成的体系。道德规范体系具有建构的成分，而建构起来的道德价值体系必然与道德事实之间存在差距。摩尔在其名著《伦理学原理》中的一个基本观点是，我们不

---

① 关于道德规范起源于人们现实利益的需要，将在后面具体谈到。此处补充说明一点的是，道德规范的出现是人们现实利益的需要并不表明它完全是出于阻止人性恶的需要，它也有、也许更主要是出于人性善的需要——人类如果没有爱的情感，就无法形成协作关系，进而无法约定某些道德规范。这一点在道德的起源上看应是成立的。

❖ 道德可教的涵义与方式 ❖

可能把道德陈述从关于自然事实和自然性质的陈述中推导出来。政治社会以后，统治阶级和被统治阶级都有自己的一套道德规范——统治阶级形成自身一套道德规范，同时也强加于被统治阶级一套道德规范；同样的情况也出现在被统治阶级。正是在这种情况下，道德经常偏离了人性，有很多规范可能是不道德的。

其二，道德情感是一种本性的东西。道德本身是人们在日常生活中形成的，是人性的产物——基于人类自我需要与自利的产物，因此它不是人们基于理性选择的结果。如果道德是一种理性的产物或行为，那么很多道德行为是无法解释的。比如爱国情感，比如对灾难中遇难的生命表示哀悼，都是一种人性的情感本能，它不是理性的选择，也不可用理性来考量和解释。[①] 所以有一些道德行为或情感是人们基于血气的结果。正是由于它是一种血气的产物，因此它不应该成为人们理性选择的要求和作为普遍的要求强加于人。即是说，不能要求人们理性地选择某种血气的道德行为。比如说，杀身成仁在古代社会被认为是一种美德，但这种美德是某些人基于血气的道德行为，即把正义看作比生命更重要，牺牲了生命成就了心中的正义血气。然而，每个人的血气或激情是不相同的，有的人的血气就是把生命看得更珍贵，这可能是一种信仰，超乎理性之外，因而不能说不杀身成仁就是不道德的。

其三，道德无法是一种行为上应当如何的规范。譬如，"爱国"作为一种道德规范，它只可能是规范什么行为是不应当的，而无法规定何种行为是应当的。再如，捐款救助穷人——假定该行为无其他功利性目的——是一种道德行为，但是没有此种行为的人不能说是不道德的。又如，公共汽车上让座——假定是自愿行为而无任何被迫——是一种道德行为，但不能说没有让座就是一种不道德行为。再比如，在歹徒行凶的情况下挺身而出是一种道德行为，但由于自身缺乏勇气或者没有制止行凶的本领而不过问，也不能因此说是不道德行为。人

---

① 就同一件事情而言，道德情感在不同的人身上表现的情感强度是不一样的，这与个体的情感特征、个体感同身受的环境差异以及事情发展的时机有关。比如在平淡的生活中人们难以感觉到强烈的道德情感，而在国家危难或重大自然灾害面前，人的道德情感就容易表现出来。

第二章 道德及其教育的内涵

是自利的，这是本性；要求人们在可能牺牲自身的情况下保护他人这本身就是不道德的，是对人性的理想化。人性既有卓越之表现和发展之可能，也有自利与自保的表现，在道德上要求任何人都展示人性最卓越之一面不是真正的道德规范。道德如果超出了人性，就会成为不道德的东西。从这个意义上说，道德规范是有限的，它无法规范一切；进一步说，很多行为是不可以用道德来进行考察的，不可以随意贴上"道德"或"不道德"的标签。梯利说，道德规范并不涉及所有行为。人生及其理想要比道德及道德的目标更为宽广和丰富。没有道德人类不可能达到它的目的，道德是一个绝对必要的条件，但仅仅道德的满足并不能实现人类的希望。①

其四，从道德与伦理的区别中可以看出道德的内在超越特性。通常认为，伦理与道德没有什么区别。② 仔细考察一下，还是有些区别。汉语中的"伦"原为辈、类、比、序等义。《说文》曰："伦，辈也。""理"原为治玉，《说文》曰："理，治玉也。"后来引申为规律、规则。英文中"伦理"（ethics）的涵义为品性、气质以及风俗习惯，与"道德"（moral）的涵义差不多，但细究起来还是有区别的。Ethics 原是来自于古希腊人"thos"一词的用法，意指风俗和习惯，后来，随着古罗马帝国对古希腊的征服，罗马人因没有与古希腊"伦理"相对应的词，于是用"道德"（moral）替代了希腊人的"thos"。所以罗马人的"道德"概念虽然保留了希腊"伦理"概念的理性规则之意，同时还赋予了"内心"等情感性特征。因此，从中外"伦理"与"道德"的词源上考察，它们之间的区别是明显的。

其一，伦理就狭义而言是指亲情关系，就广义而言是指对社会生活中客观存在的各种关系的规范。无论是亲情关系，还是类的个体间关系，动物都是具有的。因此，基于血缘的亲情并不属于道德的范畴。

---

① 梯利：《伦理学概论》，何怀宏译，中国人民大学出版社 1987 年版，第 183 页。
② 比如，罗国杰主编的《伦理学教程》（中国人民大学出版社 1986 年版）一书就认为："'伦理'和'道德'的词源含义虽然不尽相同，但大体上是相通的"，"无论在中国还是外国，'伦理'和'道德'这两个概念，在一定的词源含义上，可以视为同义异词，指的都是社会道德现象"。

◈ 道德可教的涵义与方式 ◈

比如，子女爱父母符合伦理规范，但这种行为或情感并不属于道德范畴。

其二，伦理与道德都表现为一定的社会规范①，但伦理强调的是维持人伦规范所需要遵循的客观规则，它对伦理关系中的双方都有一种恪守规则的要求，而道德始终强调的是自我之应当。因此，伦理是一种客观的外在的规范，是他律的，而道德是一种灵魂内心的个体化的规范，是自律的。真正的道德是自由自觉的选择②，它超越了规范而达到一个体现人性卓越的境界。伦理规范是社会对其成员发布的"应当如何"的命令，其目的是维护社会的和谐，而道德规范则需要依据是否具有真正的道德价值加以审视，并由人们做出选择。当然，伦理规范是否具有价值也需要由道德加以审视。

其三，伦理是反映人们现实需要的规范，因此，它是功利性的；道德规范起源于人们的现实需要，但道德是超越于功利的，它是自成目的性的，也因此，道德是不可强求的个人选择，人们不可以将道德化为伦理那样的规范性要求。

三、教育的两重性质

从教育的性质看，教育有两种，一种是哲学教育，一种是政治教育。前者主要探讨人性的最高可能性，即可以超越于社会的最高人性自由的教育；后者主要探讨社会政治框架下的人的社会性的教育，虽然它也有某种程度上的对人性自由的指向，但仍然是社会性中的人性的教育。现代教育都是政治教育，其形式包括各种立法和政体所内含的教化以及专门实施的学校教育。

（一）柏拉图式的教育：哲学教育③

柏拉图的《理想国》可谓是人类历史上最伟大的教育小说，至

---

① 由于"伦理"与"道德"概念上的混淆，伦理规范与道德规范也就无法区别了。伦理规范是一种客观的、外在的要求，而道德规范虽也指向社会关系，但它体现为人内心的法则。

② 关于康德的这一论述，本书后面会作更多的分析。

③ 此部分可参见潘希武："什么是柏拉图式的教育"，载《华东师范大学学报》（教育科学版），2008年第2期。此处有删节和调整。

第二章 道德及其教育的内涵

少卢梭是这么看的。① 可是，我们对《理想国》的研究还多半停留在它的教育方法、内容及有关课程设置上，而没有理解其教育的内涵真正是什么，因而难免会产生误解。②

要理解柏拉图式教育的真正内涵，必须与柏拉图的宏大规划紧密相联。按照施特劳斯的说法，柏拉图的教育从最高的意义上说也就是哲学。③ 柏拉图哲学的全部起点和归宿点在于探讨美好生活（哲学生活）④，即哲人如何在城邦下获得自身的哲学生活，为此，柏拉图的苏格拉底充分展现了美好生活得以实现的最高可能性——即实现哲人王统治下的德性（美德）城邦和社会，而这种最高可能性的实现尽管要靠运气，但首要的还是依赖于教育。因为没有教育，未来的哲人和护卫者的美德都无以产生，美好城邦和美好生活的可能性就几乎为零，因此，柏拉图言辞中的城邦能否实现首先要落脚于教育。从这个意义上说，柏拉图的哲学事业也就是他的教育事业，教育的使命和全部内涵就在于实现哲人王统治和德性城邦，因而教育即是德性教育。柏拉图的《法义》中对教育的几个界定充分表明教育即是德性教育，而不是某种技艺性的教育。⑤ 然而，《法义》中的教育的内涵主要是指灵魂锻造的教育，而不是指《理想国》中的哲学教育。《理想国》中的哲人形象在《法义》中是缺席的，这表明：《法义》是针对现实

---

① 卢梭：《爱弥尔——论教育》（上），李平沤译，商务印书馆1978年版，第11页。

② 比如把它看成是一种强国理论，把它看成是一种精英教育。

③ Strauss, Leo. Liberalism ancient and modern, Chicago: the University of Chicago Press, 1968. p6.

④ 柏拉图的《理想国》的主题是对"什么是正义"的探讨。对于什么是正义，柏拉图的苏格拉底从具体的、个别的概念上升到普遍的、整体性的概念：即从个体的灵魂正义上升到城邦的正义。由灵魂和谐的人以及各司其职的等级秩序组成的城邦才是正义的城邦。这个等级秩序在书中间部分得以展示，即苏格拉底在格劳孔迫不及待的追问下才不得不道出的：哲人成为统治者或统治者成为哲人。这就是苏格拉底确立的样板城邦或言辞中的城邦。这个言辞中的城邦旨在表明：哲人只有在这种情况下才能获得美好生活，也即是不断地追问"何为美好生活"的哲学生活。

⑤ 柏拉图：《法义》，载《柏拉图全集》（3），王晓朝译，人民出版社2003年版，643b-644b；653b。

◈ 　道德可教的涵义与方式　◈

统治者而不是未来统治者的德性教育；《法义》中的城邦是相对于《理想国》中的美好城邦"次一级"的城邦，它要探讨的是立法如何朝向整体美德的问题。

　　从柏拉图式教育的对象上看，只有哲人王的教育才是哲学教育。哲人王教育起源于哲学与政治之间的冲突的考虑。① 柏拉图在《理想国》中表明，哲学生活优于政治生活；在《申辩篇》和《克力同篇》中表明，哲学生活虽然优于政治生活——苏格拉底选择死亡很明显表明了这一点，但它不得不服从政治生活。虽然哲学生活与政治生活都是谋求美好生活的，哲学是对美好生活的思考，政治是对美好生活的现实追求，但两者之间又存在重大冲突。因为哲学与政治各有各的逻辑：前者的品质是求真和求善，追寻的是美好生活和人的德性，也即是好人的问题；后者虽然也要追求美好生活，但更基本的是要着眼于现实的政治生存和政治利益的考虑，追寻的是相对正义的生活和好公民的问题。这种冲突实际上也是哲人与城邦民主制或者大众之间的冲突，因为哲人是探求生活真理的，大众是一种"意见"，而真理与意见之间总是存在着冲突。正如洞穴之外的人跑到洞穴之内必然面临危险。施特劳斯学派认为，《苏格拉底的申辩》是一场哲人即苏格拉底与雅典城邦之间的对话，也即哲学与政治之间的对话，因而苏格拉底之死就表明了哲学与政治之间的冲突。基于哲学与政治之间的冲突的考虑，柏拉图的哲学似乎是要探讨哲人如何在大众民主制之下继续进行对美好生活的思考的策略。至为根本的是，哲人必须成为统治者或者统治者成为哲人，同时作为"言辞"中的贵族政制构成的护卫者必须有相应的德性。总之，柏拉图的哲学要建立的是一个哲人王的、有德性的城邦社会。为此，需要通过教育实现这个言辞中的城邦。

　　柏拉图的城邦在很大程度上是个教育的城邦。他探索中的美好城邦是个与灵魂秩序相对应的等级制的政体，是个正义的国家。所谓正义就是指各个等级适得其所的有秩序状态，这种有秩序状态是以受了教育的各种力量之间的和谐为依据的。所谓各种力量是指灵魂的各个

---

　　①　在施特劳斯的眼里，柏拉图式政治哲学着眼于关怀三个方面的冲突：哲学（哲人）与城邦（大众）之间的冲突；哲学与诗之间的冲突；哲学与神学（宗教、信仰）之间的冲突。

第二章 道德及其教育的内涵

部分即理智、激情和欲望之间的相互作用的力量。从城邦来看,就是要通过教育使这三种力量达到适度,使城邦成为具有正义、理智、勇敢和节制等品格的美德社会;从统治者来看,护卫者的教育主要是调和激情与理智的力量,使其具有勇敢但又不粗暴的美德。这种教育不同于哲人的教育,哲人的培养教育作为灵魂的转向是要看到理式和善的存在。城邦的贵族政制的安排要以灵魂的秩序为基础,这种安排能否得以实现,既要有哲人王的统治,还要有护卫阶层的美德,即他们的灵魂是否和谐。针对护卫者的教育,柏拉图的苏格拉底提出了一些基本科目:体育锻炼、音乐、数学(算术和几何)、天文学。体育锻炼在于训练军人勇敢的德性,音乐教育在于防止过分的粗暴,数学、天文都是一种审美教育的科目。柏拉图在《会饮》中谈到要防止缠绵绵的音乐败坏人的灵魂。所以,教育的目的在于获得灵魂的和谐与内在的美德。一切课程的安排,不管是体能的还是理智上的训练,都是灵魂或德性的训练,而不是我们现代社会中的职业训练;一切课程的设计,都是指向德性这一目标,别无其他目的。① 从这个意义上说,教育就是美德教育。

在沃格林看来,柏拉图式的教育是一种灵魂转向的技艺。不同于《法义》中所说的灵魂锻造的问题。② 我们知道,柏拉图的《理想国》是从一个事物的最圆满状态来定义教育的本质。从最圆满的状

---

① 苏格拉底说,城邦的统治者学习计算,不是为了做买卖,不是为了将来准备当商人或小贩,而是要学会能用纯粹的思想沉思数的本质,为了在战争中使用,以及便于使灵魂本身从生灭的世界转向本质与真理。同样,几何学既可以满足军事方面的需要,又有助于人们把握善的型,因此,几何学是关于永恒存在的知识。参见柏拉图《理想国》525c 以下。

② 柏拉图《理想国》中的灵魂转向是指灵魂要从纷纭的现实中看到"理式"和善,也即是要从现实的个别世界上升到普遍的"真实世界"。它包括两个层次的内涵:一是灵魂需要克制和指导激情与欲望,转向理智;二是哲人需要通过灵魂的转向从而实现对何为美好生活的追问与探寻,这是最高层次的。《法义》中的灵魂教育主要是指第一个方面,即灵魂锻造的问题,而不是从哲学或哲人的问题——即哲人如何在大众中开展对何为美好生活的追问的问题——出发的。沃格林,包括现代的自由教育提倡者,都是从灵魂锻造的意义上谈的,因为现代自由教育是以大众为对象,而大众是无法过着哲人的生活的。

❖ 道德可教的涵义与方式 ❖

态看，教育就是指哲学教育，即指的是一种灵魂转向的教育。所谓灵魂的转向是指超越事物本身，看到"理式"的存在，通向善①——即一切存在者中的最神圣者。对苏格拉底而言，"善"不仅含有道德含义，更含有知识含义；善是对知识与道德的某种整合，知识与道德是善的不同侧面，两者在"善"中形成统一，无法分离。从知识含义上说，"善自身"，就好比是太阳之于人的眼睛，它既不是人的感觉也不是人的思想，它是"万物"（理念世界）的"本原"，先于真实的存在和灵魂。善既是理式也即真实存在者之所以可知的原因，也是精神视力的原因，灵魂正是通过这种视力才得以观看到理式，从变化的世界看到存在的世界，从纷纭杂乱的可见世界看到可知世界。教育的作用就在于把灵魂从变化的世界引向存在的世界。从道德含义上说，"善"的教育是指一种灵魂转向的教育，一种整体性知识的教育，一种追问"何为美好生活"的教育，一种哲学教育。当然柏拉图知道，转向善是多么地不容易，只有通过多年教育的极少数哲人才能达到这个境界。

为什么转向善是很难的事呢？柏拉图的洞穴之喻表明，灵魂的转向要经历三次。第一次是身体摆脱绳索，灵魂得以离开墙上的阴影转而看到火光本身与实物，然而，眼睛由于长期适应于阴影而无法一时

---

① Nettleship 在他的"理想国讲座"中把苏格拉底的善分为三层含义：一是它首先是生活的终点，所有欲望与激情的最终目的；二是人类所有知识的前提条件；三是世界生成的原因。转引自乔戈：从光到洞穴：灵魂转向的教育——柏拉图《理想国》505a–518e 的情节分析，萌萌主编：《"古今之争"背后的"诸神之争"》，上海三联书店，2006 年，第 253 页。第一点是从道德意义上说的，第二与第三点是从知识含义上说的。没有第二与第三点，善不可能获得生活的意义；同样，没有第一点，第二点与第三点也就变成邪恶的来源。第欧根尼·拉尔修引用亚里士多德的说法，把柏拉图的"善"分为心灵之善（如审慎、勇敢、节制）、肉体之善（如美丽、健康、力量）和外在之善（如友谊和财富）三种。参见第欧根尼·拉尔修：《名哲言行录》（上），马永翔等译，吉林人民出版社 2003 年版，第 212 页。今天我们习惯在双重意义上理解善：一方面理解为对我们有好处的东西，"有益的东西"，我们需要它来获得满足，达到幸福；另一方面又理解为要求我们达到的目标，是我们的义务和责任，并不顾及我们的幸福和需要。克吕格：《王制》要义，刘小枫选编：《王制》要义，华夏出版社 2006 年版，第 26 页。

适应自然，因而必然造成眩晕，灵魂仍旧逃向比自然更实在的影像；第二次转向是有人硬拉着他走上一条崎岖坡道，直到把他拉出洞外见到阳光，经过逐渐的适应，他先后看到了阴影、倒影、东西本身、夜间天象、白天直至太阳，亲历了一个真正自然的理念世界，此时，他已经对洞穴内的囚徒生活毫无兴趣，不愿再回到洞穴；第三次转向是走出洞外的囚徒（哲人）再次下降到洞内。苏格拉底描述了再次下降的痛苦：先是眼睛不适应，其次还有可能被洞内囚徒杀掉。洞穴之喻实际上表明了两个层次的教育。

其一，灵魂锻造的教育。柏拉图学说中的"灵魂"分为三个部分：理性、激情和欲望。灵魂如果受到欲望的控制，则是情色之欲；灵魂如受到激情的控制，则是荣誉感和爱国心；灵魂如受到理智的控制，则是爱智或哲学的。《斐德罗》中有灵魂被欲望的"黑马"拖住从而坠入洞穴之故事，表明灵魂容易受到欲望的诱惑。因此，教育就起到引导灵魂的作用。但"引导"究竟是何意呢？是不是意味着把知识往灵魂里灌输？苏格拉底明确否定了这一点。他说，教育并不是像把视力塞入瞎子的眼睛似的是一种知识的灌输。灵魂之所以能发生转向，与灵魂自身具有视力有重大关系。这有点类似于康德所说的先验意识。灵魂如果自身没有视力，教育的引导也就没有作用。所以，教育的作用真正在于对灵魂的净化，因为灵魂容易受到欲望与激情的影响，教育就是要引导灵魂走向理性，驯服欲望和激情，引导灵魂向上攀升。

其二，哲学教育。为什么哲人还要下到洞穴中去？这有些类似于尼采的查拉图斯特拉的再次下山的意义。苏格拉底说哲人还要下到洞中是为了经历实践锻炼，经历着意见世界的各种诱惑。这有些类似于卢梭的爱弥尔在情爱最热烈的时候离开苏菲，从而进一步磨炼美德的故事，也有些类似于圣经中的上帝为培养义人，从而考验摩西等先知的信德的故事。哲人再次下降到洞穴表明，哲人是生活在城邦中的，不是城邦的他者，而是城邦的洞察者和看护者。[①] 正如苏格拉底所说

---

① 王凌云：《教育：灵魂转向的技艺——对柏拉图〈理想国〉卷七的一个评注》，萌萌主编：《"古今之争"背后的"诸神之争"》，上海三联书店2006年版，第238页。

❖ 道德可教的涵义与方式 ❖

的，在建立城邦时，我们所关注的目标并不是个人的幸福，而是作为整体的城邦所可能得到的最大幸福。[①] 这并不是说城邦幸福比个人幸福更重要，而是说某个阶层或人的幸福之所以受到了一定的限制，是出于有利于城邦的整体幸福的需要，因为只有城邦的整体幸福才能带来个体真正的幸福。而要获得城邦的整体幸福或者说一个正义的城邦，就需要进行哲学教育。哲人下降到洞穴就肩有这个重任。因此，柏拉图式的教育是与权力结盟的。其逻辑就是，哲学生活或者个人幸福虽然优于城邦生活或幸福，但是这种生活的实现总是在城邦或政治中得以实现。这实际上表明了柏拉图政治哲学的一个重大问题：哲人对何为美好生活的追问必定与大众信仰之间存在冲突。哲人（古典）既不能完全脱离民众，也不能像现代哲人那样一味迎合大众，因此，哲人需要与权力结盟。哲人下降到洞穴，表明哲人需要下降到民众中去；只有下降到民众中去，并与民众保持距离，哲人才能获得哲学生活，才能通向道德的"善"。所以，柏拉图式的教育的最高意义上的内涵是哲学教育。

柏拉图式的教育是一种自由教育。这不仅是就教育对象而言的，也是就教育原则和课程设计以及教育方式而言的。柏拉图式的教育认为，教育的原则需要遵从适当的欢乐交往的规则而定，达到心灵的和谐。为此它强调，对学科内容的选择重在其对人的理性发展（也就是用理性克服欲望，达到灵魂的和谐，更高一点说就是看到理性的存在，通向善）是否具有终极价值而不是功利价值，即是说，通向美德本身而无其他目的。在教学方法上，它反对强迫学习，认为一个自由心灵的人不应像奴隶般地被迫学习任何东西。[②] 但是，洞穴之喻表明灵魂的上升与哲人下降到洞穴又是被迫的，即哲学教育既是自由的

---

① 柏拉图：《理想国》，郭斌和、张竹明译，商务印书馆1986年版，420b，519e。

② 同上书，536 e。

第二章　道德及其教育的内涵

又是被迫的。① 但这两者间并不矛盾，因为后者是从教育使命上说的。不管什么原因，自由教育的主要内涵在于洞穴之喻表明的两个层次的教育。亚里士多德也说过，教育是指自由人的教育，并且是一种闲暇式的教育，教育的目的是为获得闲暇。他指出，闲暇是全部人生的唯一本原；教育应当"既不立足于实用也不立足于必需，而是为了自由而高尚的情操"②。在柏拉图与亚里士多德那里，经自由教育培养"自由"人，其目的在于培养城邦政治统治者的美德，从而实现德性城邦与美好生活。因为在他们看来，政治从属于德性，而不像现代思想家把德性归属于政治。

柏拉图《理想国》的一个基本主题是要处理哲学与政治间的冲突，也即探讨哲人如何在政治城邦中获得哲学生活方式。基于哲学与政治之间冲突的考虑，柏拉图的教诲是实现哲人王统治下的德性城邦和社会。尽管柏拉图深知，实现哲人王的统治要靠运气，但柏拉图还是从言辞上充分探讨了处理哲学与政治间冲突的最高可能性。这种最高可能性有赖于教育：只有通过教育才能达至善，才能达至哲人王统治下的美德社会。因此，柏拉图式的教育的根本要义在于实现哲人王统治下的美德社会，由此，一切教育内容、形式、方法都出乎于此；而它的真正内涵在于教育就是德性教育，包括针对未来哲人的智慧德性的教育和针对护卫者的伦理德性的教育；而德性教育的首要关切在于对美好生活的追问与探求，尽管这种探求可能没有答案，但是它对社会与大众的德性提出了审视并与其保持适当距离，正是对社会美德的一种关切，获得了哲学教育的生命。

柏拉图对美好城邦与美好的探讨赋予了教育最高意义上的使命、性质与内涵。现代性的自由教育，则是在政治的框架内追求人

---

① 安德鲁认为，哲人下降到洞穴并非存在一种强迫，而是哲人下到他的学生那里去的欲望。见安德鲁：《下降到洞穴》，刘小枫主编：《施特劳斯与古典政治哲学》，上海三联书店2002年版，第606－613页。而施特劳斯认为哲人被迫下到洞穴是出于哲人天性不愿意统治，但为了自身的哲学生活才不得不走向政治。这种解释是合理的。因此，自由教育的教学方法问题应放到它的内涵中才能得以理解。

② 亚里士多德：《政治学》，颜一，秦典华译，《亚里士多德全集》（第八卷），中国人民大学出版社2003年版。

的普遍幸福。

（二）现代性的教育：政治教育

现代教育就是一种政治教育。现代教育已经放弃了对"何为美好生活"的追问，它不再是在哲学与政治的冲突中探寻人性的卓越和最高可能性，而是在政治框架中探寻人性的普遍自由和幸福。这是与现代性社会方案的设计密切相联的。现代教育虽然也追求人的普遍幸福和自由，或者说把它作为自己的终极目标，但这种普遍的自由和幸福只能是政治社会中的相对的形式上的自由和幸福。由于它放弃了哲学生活优于政治生活的观点，因此现代教育实际上是人的社会化的教育。现代性思想家除了卢梭之外，都是在既定的政治社会方案中探寻教育的适应性问题。卢梭的教育有两种声音，一种是大众的教育，另一种是经过改造的社会中的高贵的人的教育。[①] 但卢梭的教育方案最终仍然是在政治社会中寻求人的最高可能性的教育，虽然他把人的自然状态下的自由和幸福作为社会存在的唯一合理依据，并依此对社会进行改造，但他仍然承认人的社会存在性。杜威的《民主主义与教育》最终奠定了现代教育的性质，即是为民主社会培养合格的公民。公民教育就是政治教育。事实上，现代教育具有强烈的政治性。国家经常通过课程设置、拨款、意识形态等手段实施对公共教育的控制，培养合乎既定的技术规格与道德要求的人才。当今有一种倾向，似乎是从纯粹的哲学层面探讨道德教育问题，也就是要探讨道德教育的终极目的，主张道德教育回归个人幸福。这种提法看起来是好，但却是有问题的。问题的关键在于什么是个体幸福？有没有纯粹的个体幸福？或者说，个体幸福是超越于社会的幸福还是社会政治中的幸福？所以不能简单地说，道德教育必须回归个体幸福。这种主张似乎有一个假定的前提，即以个体与社会的二分或个体幸福与政治的冲突为基础。正是基于这个假定，他们总是喜欢采纳福柯式的知识/权力的批评，倡导道德教育要以个体幸福为目的。倡导道德教育的价值就在于人的有德性的生活，而无其他功利性的价值，无需用政治的或社

---

① 潘希武："高贵的爱弥尔：卢梭的教育样板"，载《教育学报》，2012年第2期。

第二章 道德及其教育的内涵

会的价值来解释人的德性生活；其目的也在于人的有德性的生活，而没有其他的目的。杜威在《民主主义与教育》中说，教育即"生活"、"生长"，教育本身没有目的，如果说有目的那也就是"生活"。在杜威那里，教育的价值是自足的，它没有其他价值。但是，什么是人的生活呢？是卢梭意义上的自然状态下的生活或前社会的生活还是现代政治社会中的生活？杜威的回答不言而喻是后者。而且，杜威并没有从人的卓越性上来解释生活，而是把人的生活理解为民主政治的大众生活。显然，杜威讨论教育的目的是在特定的民主政治框架下，其讨论的教育并不是没有目的，恰恰相反，他的指向非常明确而无疑义，即是为民主社会培养合格的公民。所以，杜威看起来是从纯粹的哲学上探讨教育，但实际上有着强烈的现实关怀和自己鲜明的政治立场。现代学校也不是独立于社会之外的机构，学校的任务正是培养社会化的人。学校的道德教育不会是一种纯粹哲学上的引导人成为幸福生活的教育，而是一种政治中的教育。

现代教育作为政治教育，已经不再是古典自由教育。柏拉图式的教育作为古典的自由教育，其最为关切的是对灵魂卓越的追求，是对何为哲学生活或美好生活的追求和探寻，也即是探求一种整体性的知识，而不是现代意义上的社会美德教育和计算与技能的教育。在柏拉图那里，哲人与大众之间既不能完全隔离，但又需要存在相当程度的隔绝：如果哲人脱离了大众"意见"，或者是把自己的生活方式强加给大众，可能会被大众"意见"或信仰所杀；如果哲人一味迎合大众的口味，则又失去了哲人的"求真"意志。[①] 因此，哲人美德与社会美德之间必须保持相当程度的隔绝。这是古典自由教育关于"自由"的重要内涵。社会美德的大众或"废铜烂铁"如果执政，则美

---

① 尼采就批评柏拉图编造了一套诸如"灵魂不朽"和"至善"之类的谎言来迎合大众，尼采的思路是，作为哲人应当控制自身的知识冲动，不要揭穿大众所依赖的谎言，但哲人应保持自身本色，不要说谎言，因为谎言迟早要大白的。然而，不说谎言并不等于不说真理，尼采主张真理要以"隐微"的方式对少数人表达。

❖ 道德可教的涵义与方式 ❖

德就岌岌可危。如果因此把古典自由教育看作精英教育，这是不对的。① 现代以来的纽曼、赫钦斯恰恰不赞同这种隔绝，他们的自由教育恰恰认同现代的社会美德，他们把自由教育推广至现代民主政体下的大众。因此，赫钦斯等所谓的自由教育恰恰背离了古典自由教育②。施特劳斯在"什么是自由教育"论文中指出，现代已经没有哲人，唯一可能的自由教育方式只能是研究伟大著作，与伟大的心灵对话。因而，现代已经失去了古典自由教育最高意义上的教育内涵，即没有哲学教育，只可能是心灵的锻造。古典自由教育对美好生活的不断探寻也许没有答案，但是，它始终是在城邦中与社会美德保持距离，因而也是对社会美德提出的一种审视和深深的关切，而不像现代以来的哲人与自由教育那样，在认同社会美德的时候完全放弃了哲人的求真意志，放弃了对何为美好生活的追问与探寻，最终使现代性陷入了虚无主义的危机。

现代教育作为政治教育，与现代社会密不可分。现代教育本身就是现代性的产物。现代性的社会是一个人人平等的大众社会，而不是柏拉图言辞中的样板社会。现代性社会方案，经由马基雅维利和霍布斯等思想家的设计，是一个以人性的激情为基点的、降低道德目标的形式平等的社会。按照亚当·斯密的设计，现代社会是市场模式与人性自利伦理相统一的大众社会。而洛克等思想家则从政治制度上对现代社会进行设计。事实上，立法和政治制度设计本身就是现代教育的重要组成部分。当然，现代社会仍然要设立专门的学校教育以培养合格的公民。显然，现代教育并不具有柏拉图的德性教育的本质内涵，而更多的是针对大众平民的教育。同时，美德教育也不再是柏拉图意

---

① 古典自由教育虽然是针对少数人而言的，但不能说是精英教育。古典自由教育是基于对自然等级秩序——即人在自然上是有差别的——的承认，并且认为大众并不适合也不愿意过哲学生活，因此，古典自由教育主要是一种哲学教育，而不是现代所说的精英教育。

② 现代自由教育对古典自由教育的背离至少体现在：一是前者把自由教育推及现代大众，我们知道，大众是按信仰生活的，他们无法承受得起按"何为美好生活"的追问来生活；二是古典自由教育的最高意义上的内涵是指哲学教育，而现代自由教育是指灵魂锻造的教育，即如何超越技能教育走向如何关照灵魂。关于这个问题这里不作展开，另行论述。

义上的美德教育，而是社会美德教育，比如公平、正义、诚信的社会美德教育。

现代教育作为政治教育，其社会美德教育获得了专门的位置，而很难作为知识教育的最高指向。柏拉图的苏格拉底所讲的"知识"是指最高统一于哲学的各种知识。"美德即知识"意味着知识的教育专门指向自由人的培养。而现代教育的知识教育则与社会美德教育出现了分裂。在前现代时期，知识统一于哲学或神学，现代性以来，整体性的知识已经崩塌，各种专门的知识也开始分化。各种专门知识，特别是自然科学知识往往成为人类掌控与征服大自然的工具，成为社会个体谋取功利的工具。在这种情况下，各种专门的知识不再指向社会美德教育或者不再主要指向社会美德教育。显然，现代性社会的教育也仍然需要社会美德教育，然而，社会美德教育在现代社会具有特定的内涵规定：一是社会美德教育可以在大众社会中开展，但不可以把它的目的界定为建立美德社会；二是在大众社会开展的社会美德教育主要是指向好公民教育而不是好人的德性教育。但实际上，现代教育更多地关注专业人才的培养，重点是知识、能力和技能的教育，这是由社会经济发展的要求所决定的。但也正因为现代教育的这种特性，它面临着很多问题，其中最重要的就是现代道德教育的难题。

所以，现代教育的内涵主要有两种，一种是道德教育，一种是知识和能力或技能教育。在古典自由教育中，知识教育并没有独立的任务，因为并没有专业的分工，其是为德性教育服务的。但现代社会不同，现代人是在具体的专业分工中劳作的。因此，在现代教育中，知识教育和能力或技能教育获得专门的功能和任务，它本身有独立性，而不是如古典自由教育那样缺乏独立功能。当然，现代教育中的知识教育也同时具有德育功能。从这个意义上说，现代教育的道德教育定位需要有一个根本性的调整，即在分化的知识与能力教育中实现自身的德育功能。

知识教育为什么本身就具有德育功能呢？那是因为知识教育与实践一样，都是使人获得对世界的理解和通达的一种重要方式。同时，知识教育作为一种理性的训练，也可以使人获得理性的能力。按照柏拉图的分类，灵魂可以分为理智、血气（或者激情）、欲望三部分，理智和欲望属于灵魂的两个极端，灵魂的性质取决于血气，而血气往

❖ 道德可教的涵义与方式 ❖

往不服从于理智。所谓血气，是对何为正确、何种东西带来尊严与荣誉的精神感受。① 荷马史诗《伊利亚特》中的阿喀琉斯与阿伽门农之间的冲突很大程度上是出于血气，阿喀琉斯对赫克托尔尸体的肆虐处置也是出于血气而违反了共同体的规则。做人的本质并不在于追求完美，也不需要追求完美，因为人是有缺陷的；人之所以是有缺陷的，就在于人更多地依靠血气和欲望行事，如果人完全依靠理性行事，那么只要有一套理性的行事规则，人就可以完善。知识教育是训练人的理性能力的重要方式。

知识教育的有效性容易控制，但政治教育不完全是知识的教育，因此它的有效性比较难以控制。卢梭在《爱弥尔》第一卷中说，人在出生的时候所没有的东西和长大的时候所需要的东西，全都由教育赐予；据此，他把我们人所获得的教育分为三类：或是受之于自然，或是受之于人，或是受之于事物。② 所谓自然的教育，是指人的才能和器官的内在的发展；所谓人的教育，是指别人教我们如何利用这种发展；所谓事物的教育，是指我们从影响我们的事物中获得良好的经验。进一步来说，卢梭把三种教育说成是三种不同的教师实施的教育。并认为，只有这三种教育趋向一致，趋向同样的目的，才称得上是良好的教育。当然，卢梭知道，这三种教育要趋向一致非常不容易，既要靠努力，还需要靠运气。卢梭意义上的良好的教育之获得要靠运气，同样，美德的获得虽离不开教育，但也要靠运气。由此可知，卢梭深知柏拉图《理想国》的意图和用心。在卢梭看来，柏拉图的《理想国》是最好的教育小说。③ 为什么良好的教育之获得要靠运气呢？因为在卢梭看来，自然的教育完全是不能由我们决定的，事物的教育只有在某些方面才能够由我们决定，而人的教育也不能由我们真正地加以控制——谁也无法对一个孩子周围所有的人的言语和行为通通加以创造和控制。④ 然而，假定我们可以对一个孩子周围所有

---

① 萨克逊豪斯："阿喀琉斯传说中的血气、正义和制怒"，尚新建译，载刘小枫、陈少明主编：《血气与政治》，华夏出版社2007年版，第1页。
② 卢梭：《爱弥尔》（上），李平沤译，商务印书馆1978年版，第7页。
③ 同上书，第11页。
④ 同上书，第7页。

人的言语和行为实施控制,就像爱弥尔那样被带到乡村,远离仆人,并由一个人对他进行专门的教育,那么,美德能否因此而获得呢?这也是值得怀疑的。教育,主要指道德教育,毕竟不同于一般的知识传授,它需要通过心灵的内化,因此,我们无法理性地知道哪些言语和行为可以触及到一个人的灵魂并进而起到教育作用。卢梭也看到了这一点,他指出,要知道哪一种培养道德的方法最适合孩子,必须按照孩子的天性去指导他,因为每一个人的心灵都有它自己独特的形式。① 显然,卢梭抛弃了柏拉图的大规模美德教育计划,走向一个人对一个人的美德教育规划,但美德能否通过教育获得并不因人数多少而发生改变。最基本的问题在于,我们何以知道哪种言语和行动的教育一定会触及到人的心灵并进而改变其品性。

(三) 从教育对象看教育的特性

亚里士多德把人的活动划分为三种主要的形式:实践、制作与理论沉思。依此划分,教育活动应属于实践的活动而非制作的活动。在亚里士多德看来,实践和制作不同于理论沉思活动的地方在于,实践和制作是人对于可因自身努力而改变的事物的、基于某种善的目的的活动。制作是使某事物生成的活动,其目的在于活动之外的产品;实践是道德的或政治的活动,其目的既可以是外在的又可以是实践本身。② 实践不同于制作活动的地方就在于实践可以是以自身为目的的活动,也就是说它除了自身之外可能别无目的;而制作活动必定是以活动之外的产品为目的,即是说制作是作为目的的手段才具有善,作为一种手段的制作本身并没有善。就教师而言,他的施教行动可以看作是一种制作活动,但这种活动的善在于学生。但就教育活动本身而言,教育必定是一种实践活动。因此,教育活动可能有某种外在的善,比如促进了国家与个体的发展,但同时,教育活动又可能是以自身为目的的善,换言之,教育并不在于学到什么知识,而在于受到了什么教育。

---

① 卢梭:《爱弥尔》(上),李平沤译,商务印书馆1978年版,第97页。
② 参见廖申白译注序,亚里士多德:《尼各马可伦理学》,商务印书馆2003年版。

❖ **道德可教的涵义与方式** ❖

  在亚里士多德看来，政治学是最高的科学，它首先需要探讨什么是幸福和善的生活，或者说是好的生活方式；其次是要探讨什么样的政体或政治制度最有利于实现好的生活方式，或者说立法如何有利于实现德性。从他的《尼各马可伦理学》和《政治学》可以看出，教育作为一种实践活动，它从属于政治活动。具体表现为立法或法律应关注人的德性，通过法律的强制培养人的某种习惯，养成人的道德德性；教育活动应该为城邦培养有德性的公民。教育与政治的关系表明，教育活动也是关注人的幸福或好的生活。

  那么，教育活动为什么不是一种制作活动呢？那是因为教育活动的对象显然不同于制作活动的对象，教育的对象是人，这就决定了它不同于制作活动。一般的制作活动，比如工业活动，大致上有四个特点，其一，工业活动的对象是原材料，制作者可以按照自己的意图或者理性的规划对原材料进行设计和加工，只要技术正确，制作者可以达到自己的意图；其二，制作者可以按照自己的意图选择相应的原材料，他可以选择好的质料而丢弃坏的材料；其三，制作者可以改变原材料的性质，比如木材经过加工后变成了纸；其四，工业制作活动是以最终的产品为善，制作活动本身只是一种实现善的手段。作为教育活动对象①的人不同于原材料，这是因为，第一，人具有自己的本性，教育无法改变人的本性；第二，人在禀赋上是存在差异的，每个人都有自身的卓越之处和爱好，相应地也有各自的短处和不爱好的东西，所谓全面发展的人并没有；第三，人（正常的人）都有理智和欲望，问题在于人并不都是按照理智行事，特别是青少年在理智还不成熟的时候更是如此，所以就有了一个欲望的调控问题。人的特性决定了教育活动的特性。这种特性是：其一，教育无法按照理性的规划或设计改变人的本性；其二，教育的目标主要在于促进适合个体特性的发展；其三，教育需要培养人的理智，但更主要在于调控人的欲望问题。

  教育活动当然有理性的规划或设计，其作为一项社会事业需要有统筹的规划，但在具体的教育活动中则需要遵循人的本性。教育可以培养合乎社会需要的人才，但却改变不了人的本性。事实上，教育应当遵守人的自然本性。人的自然本性并不是指前社会状态下的特性，

---

  ① 教育活动对象可能有很多，但主要是人。

而是指社会状态下的人的特性。"自然"一词意味着没有经过任何的加工，而并非是脱离社会的东西。卢梭所说的"自然人"也不是指前社会的人。卢梭虽然表达过"很多东西本来是好的，一旦到了造物主手里就变坏了"的思想，但卢梭的根本意图不过是说当时的制度是如何地败坏、如何地破坏了人的本性，而并非是要回到前社会的状态，否则，卢梭就不会设计所谓"公意"的社会，所谓在他看来是好的社会体制。所以，卢梭所说的"自然人"社会是指一个没有经过统治者任意扭曲的、经过全体人民同意并合乎全体人民的意愿的社会，在这个意义上说，"自然人"是一个合乎社会性的人，而非脱离社会的人。理解卢梭"自然人"的关键在于"自然"与"公意"社会都是一种自然状态。所以，教育要遵照人的自然本性，并非是指任由人的发展，而是指要遵照良好社会状态下的人性发展，因为良好社会状态下的人性才是合乎自然的。

四、道德教育的两重目标

道德作为人之道的可能发展，表示一种人性的卓越，当然这只是一种可能。在政治社会中，人道的可能发展与个体性和社会性的关系设计密切相关，即社会的发展为人的自由和幸福提供了一种可能，因而这只是一种政治哲学的可能。但在实际政治生活中，道德仍然与规范密切相联，仍然是以规范作为自己的核心内容。道德教育的目标也可以分为两种，一种是指向人性的卓越；另一种是指向规范教育，即培养合乎特定社会规范的道德人。

（一）德性教育

在中文里面，美德是指良好的道德品性，比如勤俭节约、诚实、谦虚。与美德相对应的称为邪恶。希腊语的"areté"一词，被译为"德性"，在荷马史诗里被用于表达任何一种卓越，但主要是一种力量上的卓越；因而勇敢是主要德性之一，甚至可能是唯一主要的德

❖ 道德可教的涵义与方式 ❖

性。① 麦金太尔的这种看法是就古希腊城邦的实际生活而言的。从理论的探讨上看，无论柏拉图还是亚里士多德都不会把勇敢看成是主要的德性。② 柏拉图的《理想国》中的"德性"（areté）就具体意义上说，是指一事物的特长、用途和功用，或是某种卓越。比如，耳朵有耳朵的德性、眼睛有眼睛的德性。③ 鞋匠的德性在于制鞋，种田人的德性在于种田。由于柏拉图的苏格拉底对问题的讨论总是从具体事物着手然后上升到普遍与抽象意义上，因此，就最高意义上说，"德性"指灵魂的德性，或者说是灵魂的卓越。"美德就是知识"表明的是美德就是智慧。④ "美德可教吗？"同样是指智慧德性是否可教。⑤ 英文里用 virtue 来翻译"areté"，它表达的意思是人性中令人钦佩的卓越性，比如勇敢、节制、正义、诚实。virtue 这个词在国内学界通常被译成美德、德性或德行。前两个词的意思应是相同的，因为德性本身就内含了卓越性和美德。⑥ 后两个词的内涵通常认为是有差别

---

① 麦金太尔：《德性之后》，龚群译，中国社会科学出版社 1995 年版，第 154 页。

② 比如，柏拉图的《法义》在谈到立法时就认为立法要朝向整体的美德，亚里士多德也认同这种看法，但他认为城邦实际上不可能获得整体的美德或统一的美德，而是存在各种各样的美德——比如既有统治者的美德也有被统治者的美德。而且同一种美德在不同人身上表现不同，比如斯巴达的男人具有勇敢的德性，但女人也具有勇敢的德性就不恰当。

③ 柏拉图：《理想国》，郭斌和、张竹明译，商务印书馆 1986 年版，353b–d。

④ 苏格拉底所说的美德就是知识，这个知识并不是现在意义上的知识，如果从现代意义上讲，苏格拉底讲的知识指一种整全的知识，即灵魂的知识，所以他所说的知识实际上是指智慧。

⑤ 普罗塔戈拉所说的"美德可教"中的美德实际上是指某种超乎寻常人的技艺。

⑥ 但寇东亮认为，德性具有三重内涵：在文化人类学意义上，德性指人对客观的、外在的东西的主观化或内在化；在人学意义上，德性指人在不断超越自身自然属性的过程中所获得的一种人性上的内在"卓越或优秀"；在伦理学意义上，广义的德性指品德或品性，狭义的德性指美德。在柏拉图和亚里士多德那里，德性就是美德。见寇东亮："德性概念的三重内涵"，载《理论与现代化》，2006 年第 6 期。

的。比如,把"德性"理解成行为主体内在的以道德为核心的、具有卓越性的精神品质,因此可把它看作是一种理智上的德性;把"德行"理解为一种外在的品行,因而可把它视作伦理上的德性。按照亚里士多德的说法,德性不但是一种品质,而且是一种使人成为善良并获得其优秀成果的品质,是一种被称赞的或可贵的品质。①

从亚里士多德对德性的论述来看,他与柏拉图的德性论是有分歧的。按照柏拉图和亚里士多德对灵魂的分类——即把灵魂分为理性和非理性部分(灵魂中激情或情绪所在的部分),亚里士多德把美德也分为两部分,属于灵魂的理性部分的是理智的美德,属于非理性部分的是道德的或伦理的美德,即与"品格"相联系的美德。② 智慧和谅解以及明智都是理智德性,慷慨与谦恭则是伦理德性。亚里士多德认为,理智德性大多由教导而生成、培养起来的,而伦理德性则是由风俗习惯沿袭而来。故此,德性既非出于本性而生成,也非反乎本性而生成,而是自然地接受了它们,通过习惯而达到完满。③

根据亚里士多德的正式定义,美德是包含有意选择以及在两个坏的极端之间信守"中庸"的态度。如何保持中庸的状态,要由理性来决定,即理性是否克服欲望。因此,道德的美德可以说是与理性有关,道德行为要真正成为道德的必须是选择的结果,然而这种选择并不包含对道德行为的义务和利益的理性计较过程,因为在亚里士多德看来,道德美德本质上不是理性的,理性在道德行为中的作用不说是纯粹也大部分是工具的作用,道德行为的本质就在于道德行为以这种行为本身为目的,而不是以行为的结果为目的。由此看来,柏拉图的德性主要是指理智德性,而亚里士多德则主要是从伦理德性上谈德性。

柏拉图的德性论认为,个体行为是否符合道德取决于德性,即是说,一个人要做出道德行为首先必须具备良好的道德品性;一个德性社会是指社会各阶层具有相应美德的社会。正是基于此种认识,柏拉

---

① 亚里士多德:《尼各马科伦理学》,苗力田译,中国人民大学出版社,1103a10,1106a20。
② 同上书,1103a15。
③ 同上书,1103a25。

❖ 道德可教的涵义与方式 ❖

图力图探索①的是一个美德社会。柏拉图的《理想国》中的苏格拉底在探索美好城邦时认为好的城邦需要具备四种美德，即正义、智慧、勇敢、节制。而亚里士多德强调的是人的德行活动的性质，正如他所说的，品质来自于相同的现实活动；只有先进行现实活动，才能得到德性。②也即是说亚里士多德试图把柏拉图所说的理智上的德性品质化为具体的道德实践中的品质。

与德性论不同的是，现代性的规范的伦理学判断个体行为是否合乎道德并不是以德性为标准。功利主义认为，一个人的行动能够最大限度地提高社会的总体福利在道德上就是正确的。具体而言，功利主义通常把"效用"理解为人的福利，即凡是能够给人带来福利（在早期功利主义者如边沁那里，福利主要指快乐）的行为就是具有效用的，就是合乎道德的，就是具有道德正确性的。功利主义者不仅把"幸福"看作具有内在价值的东西，而且试图用行动给人带来的幸福的效用来界定一个行动的道德正确性。因此，功利主义者是以后果主义原则来评价行为的道德正确性，即是以行为的后果而不是德性作为判定标准的。

与功利主义的道德正确性是由非道德的价值来决定的不同，康德认为，一个道德行动是否具有内在价值并不取决于它与任何非道德的目标如快乐或幸福的关系。康德坚持认为，只有从责任的动机去履行的行动才具有真正的道德价值或道德内容。所谓有责任的动机是指按照道德本身的要求去行动，用简单的一句话概括就是，做正确的事情没有别的动机只是因为那样做就是正确的。如果一个企业家向贫困小学捐款是为了获得社会名声、为了替企业做宣传或获得与政府官员接触的机会，那么这样的动机就不符合康德的"有责任的动机"，这样

---

① 之所以用了"探索"一词而没有用"构建"一词，是基于这样一种理由。即，柏拉图的苏格拉底《理想国》中探讨了美好城邦得以实现的可能性，尽管苏格拉底自己最清楚地认识到有很多不可信之处，但他还是认为不是没有可能；他认为美好城邦的实现在于偶然性，即在于真正的哲学在世界上的某个地方获得统治，也即在于哲人成为统治者或统治者成为哲学家。所以苏格拉底只是探索了这种可能性，而并没有力图构建一个美好城邦的意图。

② 亚里士多德：《尼各马科伦理学》，苗力田译，中国人民大学出版社，1103a30 – 1103b30。

的行动也就不具有真正的道德价值。因为在康德看来，人是具有理性的存在者，但人的理性是有限的，人除了理性之外还有各种欲望、冲动和情感（康德把这些称为倾向），而如果按照倾向去履行道德行为并不具有真正的价值，只有严格地按照道德要求的动机才是有责任的动机，按照有责任的动机去行动才具有真正的道德价值。因此在康德那里，所谓美德是指意志在理性的引导下克服各种欲望按照道德法则来行动的力量。

德性论设定了"何为美好生活"的概念，与此不同的是，契约论的道德理论认为道德规范是人们在实践中相互约定的产物。既然道德规范是人们在实践中相互约定的产物，因此它本身无所谓善还是不善。即便是功利主义，仍然持有一个特定的"善"的观念，即认为快乐或幸福是唯一具有内在价值的东西。相对而言，契约论的道德理论则避免了这个问题，它把道德解释成是为了维护社会生活的可能性所必要的规则。

（二）道德规范教育

通常认为，德育是指教育者按照一定社会或阶级的要求，有目的、有计划、有组织地对受教育者施加系统影响，把一定的社会思想和道德转化为个体的思想意识和道德品质的教育。德育这个定义包括三个方面甚至更多方面的意思，政治教育、思想教育、道德教育、思想品德教育都属于德育的范畴。因此，德育就有了所谓的广义与狭义之说。[①] 大家知道，政治教育、思想教育与道德教育有着根本的差异，它们之间的区别是很明显的，但为什么要用"德育"来统一这三个概念呢？实在让人费解得很。如果有广义与狭义之分，那么何种情况是广义何种情况是狭义，让人糊涂；并且，对德育的界定也变得更复杂，上面的那个定义实际上是把道德教育界定为道德品质的教

---

① 比如，华东六省一市教育学院协作编著的《学校教育学》（浙江教育出版社1987年版，第111页）认为德育即思想品德教育或思想政治教育；董操等主编的《新编教育学》（教育科学出版社1998年版，第142页）认为德育是思想教育、政治教育、道德教育和心理思想教育的总称；孙喜亭著的《教育原理》（北京师范大学出版社1993年版，第290页）也取广义与狭义之说。

❖ **道德可教的涵义与方式** ❖

育，有失准确。我倾向于把德育看成是道德教育。"道德"一词的重点和关键本来就在于"德"，"德"就是指"人道"的"德"。据说"德育"一词在中国的最早运用是在陶行知1930年《中国教育改造》一书中，在讲到学生自治问题时，陶行知说，"近世所谓的自助主义有三部分：一智育注重自学，二体育注重自强，三德育注重自治"。陶行知一贯重视学生的道德修养，认为道德是做人的根本，如果缺乏道德，即便有一些学问和本领，也无甚用途。而长期以来之所以存在德与行的分离，存在"嘴里讲道德，耳朵听道德，而所作所为却不能合乎道德的标准"的现象，是因为德育脱离了实践；他对当时智育和体育均有实验的方法，唯独道德没有实验的方法甚为不满。他认为，德育自治是学生实行道德修养的很好机会，很好途径；采取这种途径的目的，旨在使学生获得独立解决问题的意志品质、责任意识和生活能力，形成独立的人格。由此可见，陶行知讲的德育指个体自身道德修养（只不过，他讲的道德修养方式不同于儒家意义上的修养方式），主要指品行与人格，而不是现在所谓广义上的包括政治教育和思想教育在内的德育。因此，从最初使用德育一词的内涵上看，"德育"就是"道德教育"。

"道德"是个现代的概念，指一些规则和规范。古希腊时代，没有"道德"这个概念，只有"美德"或"德性"一说。现代的德性论认为，规范伦理学已经穷途末路，道德的严重危机完全归因于德性传统的丧失；而规范伦理学认为，现代性的社会需要把人从德性中拉回到现实的存在，用权利、自由、平等诸如此类的概念取代传统的德性，遵守道德规范才是现代性的要求。道德概念的内涵上的这种演变与现代性社会的特点密切相关。古典德性时代，不从事物质生产的自由公民追求和探讨的当然是爱情、友谊、名誉以及何为美好生活，或者如何达至人性之卓越，柏拉图的诸多对话里不就是探讨这些问题吗？现代性社会里，人退回到物质生产的私人领域，对物质的追求成为了生活的重要部分，对人性之卓越的追求则成为了生活的边缘内容。并且，现代性的社会是个大众的社会，它要求的是权利、自由与平等之类的伸张。因此，可以说，古典德性论针对的是对少数人的人性卓越，现代道德规范针对的是大众平民之公共素质。

就道德包含两个方面的内涵而言，道德教育也应分为两个方面的教育：一是德性之教育；二是道德规范之教育。按维特根斯坦的说法，道德规范是一种社会游戏规则，因而道德规范教育实际上是一种政治教育。

在现代性社会中，道德教育需要德性方面的教育吗？在政治社会中，出于道德教化的目的，国家需要一套道德规范，引导人们过上美好与正当的生活；于是就有了"何为正当生活"以及人们应当如何生活的探索。政治社会的道德教化存在两个前提：一是假定人是道德的，人必然是过一种道德生活的；二是人类生活需要引导。伦理学就承担起了"何为美好生活"的研究任务，尽管它从根本上说是一个实践性的学科。问题是，在对人类伦理生活的引导中，"美好的生活"是否要与人们现实生活相适应？是否偏离了人性的基本需求？伦理学对"什么是人们赖以生活和行动的道德原则"的探讨与设计是否偏离了道德的本源，这些设计有什么理由要求人们按照"美好生活"的道德原则行事？人们是按照这些道德原则行事的吗？人们为什么需要过一种美好的即德性的生活？人有没有能力过一种有德性的生活？或者说人能否过一种有德性的生活仅仅取决于人的主观愿望吗？伦理学可以就"何为美好生活"进行探讨，但是道德教育能不能承担这样的任务？这些问题涉及到道德教育需不需要德性内容的教育。回答当然是肯定的，不过需要对教育作出新的界定。

柏拉图的苏格拉底提出过"美德是否可教"的问题。但实际上隐藏着两种声音，一种声音是对少数人而言的，它表明美德可教，但美德的获得是偶然的，即只有少数人偶然获得。但对多数人而言，美德难以获得。这种情况对现在而言仍然适用。对道德内涵的第二种声音而言，道德是可以对多数人教的。但这两种"教育"都不是传授之意。

五、道德的起源与分类

道德的起源问题在伦理学中是个很重要的问题，人们对此存在很多争议。传统的解释认为道德起源于宗教，或者是习俗。[①] 不能说这

---

① 关于这两种说法可参见赵敦华："谈谈道德起源问题"，载《云南大学学报》（社会科学版），2006年第3期。

❖ **道德可教的涵义与方式** ❖

两种说法毫无道理，至少他们是从心理学或社会学所作的一种解释。为什么说有一定道理呢？其一，道德准则的形成是很复杂的，它并非是人们理性制定的产物。因此，很多思想家就把上帝设定为道德规则的制定者。并且，宗教道德是一种很重要的社会现象，正如普菲尔德里尔说，所有道德都可从宗教中找到根源。其二，有很多道德确实是一种习俗，这种习俗是如何形成的也很难解释，特别是很难用某种普遍的定律来解释各种不同的道德习俗。

马克思主义之前的现代性思想家或者把道德看作是上帝赋予人类的规定，或者把道德看作是先于人类而存在的客观精神，或者把道德看作是人性和人的理性中先天固有的东西。马克思主义认为，道德是反映社会存在的一种特殊的社会意识形态，显然，意识来源于物质，道德来源于人的劳动实践——既包括物质的生产也包括物种自身的生产。简单说来，马克思主义是用唯物主义的观点，以经济关系来解释道德的产生的，但劳动实践如何产生道德还需要进一步的解释。

国内学界对道德起源的研究除了采用马克思主义的基本观点进行解释之外，[①] 还主张多视角的研究。彭柏林、赖换初认为仅仅采用社会学的视角——认为道德起源于劳动——是不够的，还需要揭示道德起源的生理前提、心理动因、社会基础。[②] 这也就是要在道德起源于

[①] 比如王海明认为道德的起源不可能是为了道德或美德自身，而是为了道德之外的东西，即为了保障社会的生存发展，终归是为促进每一个人的利益。见王海明："关于道德起源和目的之理论"，载《现代哲学》，2004年第1期。又如杜振吉认为，道德作为一种特殊的精神现象，实质上是一种人际关系的调节机制和协调方式，也是一种人的自我完善和自我发展的方式；它是人类为满足个体与群体生存与繁衍的需要，协调相互关系，求得共同发展的需要，以及自我肯定、自我完善和自我发展的需要而确定的一种平衡机制和实现方式。不论从道德的本质来看，还是从其功能与作用来看，道德都是人需要的产物，人作为主体的需要是道德得以产生的根源。见杜振吉："道德的起源与人的需要"，载《理论学刊》，2003年第5期。

[②] 他们认为，人类的合群性本能以及从这种本能中升华出来的社会联系，构成人类道德起源的生理基础；而原始初民在与自然抗争过程中所产生的恐惧感，及在此基础上形成的对社会共同体的归属感和敬畏感是人类道德得以产生的心理动因。参见彭柏林、赖换初："道德起源的三个视角"，载《哲学动态》，2003年第11期。

第二章 道德及其教育的内涵

劳动实践之基础上，进一步追问人类何以可以形成道德。人的道德性是人区别于动物的一个最根本性的东西。研究道德的起源需要从人与动物相区别中进行分析，剖析道德起源的生理前提和心理动因，也是着眼于人类为什么形成了道德而动物则没有。

人在原始状态下，由于生产力的低下，为了获得生存与谋求自身的物质利益，必然需要相互协作；有协作必然有规范，其中有一些是道德规范。动物也有相互的协作，但动物并没有道德规范，因为只有人类才有心灵上的反省、耻辱感、谴责等道德意识和爱、恨的情感。人为什么会具有这种道德意识呢？固然，道德意识来自于人类实践需要，但这种实践如何作用于人的意识呢？康德的解释是，人具有先验的道德意识结构。康德的道德意识结构还是个抽象的东西，舍勒提出的先验的道德意识是具体的。这里似乎涉及世界的本原是物质的还是意识的唯物主义与唯心主义之争的问题。人当然具有道德上的意识结构，但是道德规范之所以形成，虽然离不开道德意识，终归是来自于现实需要即人类物质生产与种的生产的需要。因为道德规范的形成并非是人的理性制定出来的，并非是人的理性分析出道德规范的存在，而是在长期的实践中逐渐形成的。有的人认为道德起源于人类现实需要中的冲突[①]，但如果我们仔细考虑一下，就会知道，其一，原始社会初期，生产力的极端低下决定了人类间的协作远远多于冲突，否则何以共同对抗恶劣的自然，求得生存；其二，假定存在很多冲突，但何以判定冲突的结果必然会形成道德规范呢？为什么不可以是弱者向强者妥协呢？人类早期何以就理性地形成某种道德规范从而结束所谓的冲突呢？比如，就种的再生产而言，原始初民有过群婚时期，人们会因为性机会的争夺而相互伤残，人类对抗自然界的整体力量必然遭到削弱。但阿奎认为，正是基于这种生存之需要，人类才需要进行规范上的调整：即从血缘群婚向氏族部落演化，于是一系列道德规范就产生了，比如同氏族间的男女不得通婚就成了一种道德规范。[②] 真的是这样的吗？人类会因为性机会的争夺削弱了整个社会对抗大自然的

---

① 祁述宏：《道德发生论发微》，载《江淮论坛》，1995年第1期。
② 阿奎："道德的起源——重读马克思《1844年经济学—哲学手稿》"，载《上海青年管理学院学报》，2004年第3期。

◆ 道德可教的涵义与方式 ◆

力量而理性地结束纷争并因此制定出一套道德规范以调和这种冲突？比较可信的是，同氏族间的通婚使种的繁衍出现了问题，长此以往，人类感觉到种的繁衍的危机与内部通婚有关系，于是逐渐走出氏族之外。

道德作为一种行为规范，是起源于人类的现实需要，这一点是可以确定的。现在需要追问的是，道德规范在人类生产实践中是如何形成的？具体来说，包括如下几个问题：它是自发形成的吗？如果是，那么人们之间是如何约定的？或者没有一个约定的过程，那么，集体的规范何以获得人们的认同？如果它不是自发形成的，那么必然是有人制定的，是由谁来制定的呢？下面我们尝试回答这些问题。

道德规范显然也是一种社会秩序。根据哈耶克的理论，秩序可以分为自生自发的和组织的或称"人造秩序"的两类。自生自发的秩序是在那些追求各自目的的个人之间自发生成的，它是人之行动的非意图的结果，而非设计的结果，亦非发明的结果。显然，自生自发的秩序是个体之间互动形成的，而不是天然形成的。为什么个体之间的互动可以形成自生自发的秩序呢？哈耶克回答说，自生自发秩序的形成乃是它们的要素在应对其即时性环境的过程中遵循某些规则所产生的结果。[①] 人具有遵守规则的能力，具有理性抽象思考的能力。但是哈耶克强调，不应过高估计这种理性能力，因为人们在运用这种能力的时候，在很大程度上并不明确知道那些指导他们行动的抽象原则，而且他们也不完全理解他们之所以受这些抽象规则指导的原因。这一方面是由个体理性的局限性决定的。因为个体理性在理解它自身运作的能力方面有着逻辑上的局限，它永远无法离开自身而检视自身的运作；而在另一方面，个体理性无法脱离由行为规则构成的社会结构系统来认识社会生活的作用。因此，自生自发秩序的形成是个竞争与试错的进化过程。

道德规范是不是一种自生自发的秩序呢？哈耶克把道德、宗教、市场等视为自生自发秩序。如果道德是一种自生自发秩序，那么，在这种意义上道德又可以进一步分为两类，一类是自明的秩序，公认的

---

① 哈耶克：《法律、立法与自由》（第一卷），邓正来等译，中国大百科全书出版社2000年版，第63页。

并为人所认可的秩序，或者说是一种惯例。对于这种道德规范，人们是依惯例而行事的；另一类是非自明的秩序，也即是说它还没有形成一种惯例。在这种情况下，人们依感觉行事。

作为一种自生自发的道德秩序，其本身就存在是否道德的问题。因为在自生自发秩序的形成中，存在着一个强势力量与弱势力量的竞争问题。这种竞争是符合自然法则的，但不一定合乎道德问题。

除了自生自发的道德规范外，还存在理性构建的道德。大致上可以分为三类：一是宗教道德。宗教道德并不都属于理性建构的规范，原始宗教诸如神话和迷信是一种社会自生的秩序，而基督教道德无疑存有理性构建的成分。第一，它依靠神秘主义者耶稣的引导，第二，像"上帝面前人人平等"显然是一种编造。尼采在《善恶的彼岸》中批评基督教道德是一种奴隶道德，指责它教人们服从而不是创造。在尼采看来，"上帝面前人人平等"的神话，一如柏拉图的"人人可以成为至善"的谎言，一如现代性思想家"人人平等"的谎言，都是用来迎合大众口味的编造。二是英雄道德。[①] 据柏格森的考察，道德有两个来源，或者说由两个成分构成：一是作为"义务"（obligation）的道德，一是作为"抱负"（aspiration）的道德。所谓义务的道德，是指自然设计出来的用以维持社会秩序的一种手段，它意味着做某事或不做某事的必要性。作为"抱负"的道德，是出乎英雄人物的"抱负"和创造，它不是由一系列要人服从的禁令构成，而是由诸如"忠诚"、"自我牺牲"、"仁爱"等德性去召唤人们的行动。这种道德与其说是对大众要求的道德，不如说是英雄人物的道德。三是政治社会中统治阶层基于社会秩序的考虑，制定出来的道德规范——它可能是出乎保护下层社会利益的考虑，也可能是出乎引导大众社会的道德走向的考虑。

据上分析，道德可以分为三类，或道德的形成有三种情况：第一类是人作为人天性具有的自然情感，比如爱国家、爱家乡。第二类是人们在长期的日常生活实践中形成的约定的道德，比如正义、诚实、买卖公平、不撒谎，这种约定的道德是实践中自明的、通常感觉上就

---

① 关于英雄道德，可参见麦金太尔著的《德性之后》第10章的论述，中国社会科学出版社，1995年版。

道德可教的涵义与方式

可以判断的，当然它也可以由理性加以辩护；尤其是，约定的道德总是具体的、特定情境的。第三类是政治社会中出现的"人为的"即理性构建的道德，它可分为两类，一是统治阶层建构起来的道德，比如现代道德体系[①]；二是来自于信仰上的道德，比如"摩西十诫"。在犹太—基督教传统中，律法主义的宗教精神成为至上的统治力量，个人与国家都会被这种宗教精神塑造，神圣的律法在个人心中的投射就造就了个人的道德，在国家制度上的体现造就了国家的法律。[②] 这种道德超越了感觉，上升到一种信仰，因此具有最高的约束力量。人为的道德超越了道德事实与道德现象自身，具有建构的成分，是一种普遍性的规范，当然它也有符合前两类道德的地方。

[①] 比如人工流产问题和安乐死问题，在人们生活实践中并不成为一个问题，也没有就这些问题形成什么道德规范。基督教道德认为，人的生命是上帝给予的，因此人没有决定自己生命的权利；而功利主义认为行动的道德正确性只是根据行动的后果来加以评价，在评价后果时唯一相关的东西是行动引起的幸福的分量，因此功利主义认为安乐死是道德的。而事实上，人们决定是否安乐死或人工流产并不是按照这样的道德体系来判断的。

[②] 唐文明："雅典、耶路撒冷与中国"，载《读书》，2007年第10期。

第三章　现代性道德与道德教育的现代性问题

　　道德可教的首要问题或前提条件是道德内容是否恰当，这也是学校道德教育是否有效的前提条件。现代中国必须构建起现代的道德体系及其教育体系。道德体系是社会模式的重要组成部分。西方现代性社会模式决定了其道德内容体系及其教育的模式。当代中国正面临着步入现代性的问题，其自身传统文化决定了它进入现代性有自身的道路，或者说有自己的现代性社会模式。而其自身文化传统决定了中国面临复杂的现代性问题。这种复杂性又决定了道德体系及其教育内容体系建立的困境。为此，我们需要思考中国道德现代性及道德教育的现代性问题。

一、现代性思想家的现代道德设计

　　柏拉图对美德的探讨是从知识的层面进行的，即认为美德是理智对激情与欲望的控制的知识，而没有关涉到美德的践行问题。理智的生活是少数人的生活或者是可以想象的大众的生活，激情指导下的生活才是大众的经验中的生活。把道德建立在经验之中也即激情之上成为霍布斯等现代性思想家的任务。之所以有这个走向，并不在于道德德性对冥思苦索的生活理想的取代，而在于对理性准则的效用的怀疑。一方面是理性无能为力的信念，另一方面是思想兴趣从超验的永恒秩序到人的转移。①培根对理性准则以及对理性能否指导人的道德行动深表怀疑。他说，

---

① 施特劳斯：《霍布斯的政治哲学》，申彤译，译林出版社2001年版，第109页。

❖ **道德可教的涵义与方式** ❖

只凭依精巧的论证,来说明(德行)符合理性,这种做法,从来就在克里西波斯和很多斯多噶派学者那里,受到嘲弄;他们试图借助尖锐的争论与结论,来证明人是具有德行的动物,可是这种尝试与人的意志完全不相投契。……假如人的各种感情自身,对于人的理性能够适应,能够顺从,那么,除了直截了当的命题论证以外,的确就应该不太需要循循善诱,潜移默化,对人的意志因势利导,说服规劝;但是,面对感情的桀骛不驯,骚动反叛,……如果说服规劝的雄辩,不能从感情那里唤起联想,从而实现理性与想象的联手,以便制约感情的话,那么,理性就会变得低三下四,束手无策。①

理性无能为力并不表明理性没有建立生活行动准则的能力,培根要强调的不是生活的规范是来自理性还是启示,而是人不服从于超验的规范这个事实。所以,培根主张实行一个方法,从生活经验中总结出人们行动能够遵循的准则。

同培根一样,霍布斯也要实现从道德准则的超验秩序向实行运用的转移,但他既不满足于提出传统道德规范如何实现的问题,也不满足于从历史中归纳出道德行动的准则,他要以激情为基础建立新的政治哲学和道德哲学。也即是说,他要与传统的政治哲学和道德哲学实行最彻底的决裂,全盘否定传统道德的现实可行性,无论是古典哲学的道德学说,基督教的道德学说,还是贵族德行学说。按照施特劳斯的说法,霍布斯建筑起来的新的道德哲学,构成了近代思想的最深层,对于即将来临的时代具有决定性的意义,没有霍布斯的工作,18世纪的理性主义道德哲学以及卢梭、康德和黑格尔的道德哲学都是不可能的。②

在霍布斯看来,人性具有两条确凿无疑的公理:一是"自然欲望公理",一是"自然理性公理"。③ 人的自然欲望就在于虚荣自负。

---

① 转引自施特劳斯:《霍布斯的政治哲学》,申彤译,译林出版社2001年版,第109-110页。

② 施特劳斯:《霍布斯的政治哲学》,申彤译,译林出版社2001年版,第1-5页。

③ 同上书,第17页。

虚荣自负必然导致人与人之间的战争，因而对暴力造成的死亡的恐惧——而不是对一般的痛苦死亡的恐惧，更不是对自我保存的追求，成为道德的唯一原则。为什么是对暴力死亡的恐惧而不是自我保存是道德的唯一法则呢？因为在霍布斯看来，理性是软弱无力的，只有恐惧暴力死亡的激情才会使人意识到保存生命的重要性。由于人性在于虚荣自负，因此，对暴力死亡造成的恐惧成为全部道德的唯一的合法依据；或者说，所有的德行有没有道德价值，要看它们是否是从对暴力死亡造成的恐惧出发的。于是，自我保存必然是首要的善，必然是正当的，每个人都有权利保存自己；权利、平等成为现代性道德的至善。

这在尼采看来是一种谎言。尼采认为，西方社会自柏拉图以降、特别是现代性以来，就是一个价值颠覆的社会：柏拉图是承认生命的自然等级秩序的，但基督教鼓吹上帝面前人人平等，现代性思想家转而炮制了一套人人权利平等的学说，抹平了人与人之间存在的自然差异，抹杀了"强人"与"末人"之分，用奴隶道德来规范主人道德，导致了一个平庸化的社会与价值虚无的社会。所以尼采批评指出，编造谎言的不仅仅是柏拉图，基督教正是利用这一套神话，宣扬"上帝面前人人平等"和奴隶道德，从而颠覆了价值的秩序，而卢梭、斯宾诺萨、康德等现代性思想家也利用了这套神话，鼓吹平等主义，摧毁了柏拉图所要建立的等级秩序，最终导致了现代虚无主义的危机以及"末人"时代的到来。在尼采的眼睛里，基督教和现代性都是柏拉图主义的变形；特别是，现代性不但利用了这套谎言，还努力构建以个人权利、自由平等为核心精神的政治制度。所以，尼采要反对的是，自苏格拉底以来的西方形而上学或柏拉图主义传统对现象世界的贬低，对生命本真的遮蔽与蔑视，而不是反对道德的等级秩序，也不反对生命的自然等级秩序和道德的高低之别；恰恰相反，他主张用"超人"的权力意志取代"末人"的权力意志。

事实上，霍布斯之前的被称为"现代性之父"的马基雅维利就把道德的法则从形而上的传统中拉回到了经验事实中。我们知道，古典美德揭示了所是之人（man as he is）与本性上的应是之人（man as he ought by nature to be）的某种悖论，现代人则把美德根植于人的激情与自身利益。因此，现代性思想家仅仅关注人的自然条件，关注他

道德可教的涵义与方式

的所是，而非应是。① 马基雅维利首开了这一先河，他用权利取代了德性，对德性给予了重新解释，认为德性仅仅是为了国家的缘故而存在，政治生活之允当并不受制于道德性。因此，马基雅维利完全拒斥古典政治哲学，从而是完全意义上的政治哲学传统：古典政治哲学探讨人应该怎样生活，而他要探讨人们实际上是如何生活的。② 在他那里，"道德律或自然法则被理解成派生于天赋自然权利、自我保存的权利；根本的道德事实乃是一种权利，而不是一种义务。这种新精神变成了近代的精神，也是我们时代的精神"③。这种精神被后来者继承下来。霍布斯颠覆了古典的德性社会，把道德奠定在人的激情之上，将道德问题还原为技术问题，用人的权利取代了自然正当，也就是说他们拒绝了作为人之自然本性之完善的古典德性概念，将"应当"设想为与人最强烈的激情相一致，把"应当"拉回到世俗的存在。霍布斯是以人的本能恐惧为思考政治问题的出发点，而斯宾诺莎进而对宗教人性论展开了理性批判，以便建立起符合个人感情需要的自由民主政体。卢梭用德性名义展开了对现代性的批判，但由于他沿用了近代自然状态假设而无法恢复作为人的自然本性之完善的古典德性概念，对行为准则之善的检验诉诸普遍性的意志而缺乏任何具有实质内容考虑的善，因而进一步推进了现代性危机。④ 那么，"应当"如何与人的共通激情相一致呢？卢梭提出了普遍意志之说，康德的解决方案是用形式上的合理性，也即是普遍立法之原则来检验行为准则之善性，而不必要诉诸任何实质内容的考虑。普遍承认的就是正义，就是善性。在施特劳斯看来，这就是所谓的现代性的危机或价值虚无主义，即现代西方人再也不知道他想要什么——他再也不相信自己能够知道什么是好的，什么是坏的；什么是对的，什么是错的。而西方

---

① 特雷安塔费勒斯："美德可教吗：政治哲学的悖论"，尚新建译，载刘小枫、陈少明：《美德可教吗》，华夏出版社2005年版，第6页。

② 施特劳斯：《自然权利与历史》，彭刚译，北京三联书店2003年版，第181－182页。

③ 施特劳斯："马基雅维里"，载施特劳斯、克罗波西主编：《政治哲学史》，李天然译，河北人民出版社1993年版，第327页。

④ 施特劳斯："现代性的三次浪潮"，丁耘译，载贺照田编：《西方现代性的曲折与展开》，吉林人民出版社2002年版，第86－97页。

第三章 现代性道德与道德教育的现代性问题

现代性的哲学主要关怀的是个人自由权利的问题，国家的职能并非创造或促进一种有德性的生活，而是要保护每个人的自然权利；兼有如罗尔斯的关怀平等价值的哲学，但完全放弃了对古典德性的追问。进而，施特劳斯认为，西方现代民主制按照现代性思想家的标榜只能是一种由多数人实施统治的集体平庸的代议民主制①，是一种关注自我保存、个人自由权利而不是人的卓越与德性的民主制，与古典民主制———一种贵族制民主和一种关注德性的民主制———完全背道而驰。

与霍布斯等现代性思想家用政治来建构社会模式不同的是，亚当·斯密主张用市场来建构社会模式，即用商业社会来替代传统的美德社会。显然，市场在斯密那里绝不仅是一种经济运行机制，而是一种社会的空间结构和政治结构。为此他主张需要有一个以自利、理性为框架的伦理道德环境，为自由市场经济奠定基础。

古代思想家认为人是生而不平等的，现代思想家认为人是生而平等的，所有的公民都可以通过教育获得政治美德。为了达到这个要求，现代性思想家不得不降低人的道德要求：把人的道德要求建立在激情与自利的基础之上，并且把个人领域的道德与公共领域道德分离开来。因此，现代性思想家将古典美德简单地转换为政治美德，他们可以通过政治过程，即所谓的现代民主政体，将原本仅为少数人保留、超越政治生活而趋向于哲学生活的东西，扩展到所有人身上。②

总之，现代性的思想家为建构现代性社会，彻底颠覆了自然等级秩序的古典德性社会，主张一个人人平等的现代性社会；彻底颠覆了传统美德，强调权利优先于善，放弃了对美好生活的追问与提升，用个人权利替代了任何实质内容的德性。

对于马基雅维里以来的现代性思想家的最根本的意图，施特劳斯有过一段相当经典的概括。"古代经典认为，由于人性的软弱或依赖性，普遍的幸福是不可能的，因此他们不曾梦想历史的一个完成。他们用他们的心灵之眼看到这样一个幸福的社会，一个人性在其中有最

---

① Strauss, Leo. Liberal Education and Responsibility, Leo Strauss. Liberalism Ancient and Modern. Chicago: The University of Chicago Press. 1968. p18

② 特雷安塔费勒斯："美德可教吗：政治哲学的悖论"，尚新建译，刘小枫编：《美德可教吗》，华夏出版社 2005 年版，第 7 页。

❖ __道德可教的涵义与方式__ ❖

高可能的社会,这个社会就是最好的政体。但由于他们也看到人的力量的有限性,他们认为这一最好政体的实现要靠运气。而现代人则不满足于和轻视这一乌托邦,他们试图确保实现最好的社会秩序。为了成功,或宁可说为了使自己相信成功,他必须降低人的目标。这样就致力于以普遍的承认来替代道德德性,或者,以从普遍的承认获得的满足来替代幸福。"① 因此,现代性的社会是个价值秩序颠倒的社会。人与人之间不再存在生命的自然等级秩序的差异,不再存在英雄与"衰人"之别,而是一个资质拉平和"普遍同质"的社会;人与自然之间不再和谐共处,人不再敬畏自然,而是一个以科学技术与理性主宰自然的社会;现代社会不再把共同体看成首要的东西,而是把社会理解成为达到某种目的而自愿地结合在一起的个人的聚合体,占有性个人主义取得了对共同体主义的彻底胜利。从价值内容上看,现代性的社会已经颠覆了传统价值对神圣价值的张扬,一切神圣的东西都烟消云散了,取而代之的是功利主义;现代社会已经很难形成"价值共识",没有任何实质内容的价值为大众所认可,一切都依赖个人的偏好,无所谓善恶之分。现代性用身体语言、个体的感觉及其偏好、人的激情与本能、人的平等权利彻底置换了古典德性的内容。

经过现代性思想家的设计,古典德性概念被彻底颠覆了:或者用"权利"、"平等"、"自由"取代古典美德,或者按照用对暴力死亡的恐惧来重新审视和界定美德。比如,霍布斯认为"因为勇气,如同谨慎一样,与其说体现行为举止的优秀,不如说体现着内心的一种力量;而节制,与其说代表着一种道德美德,不如说体现着一些瑕玷恶习的不存在,这些瑕玷恶习来自一些人的贪欲禀性,而这些人,并不侵犯国家,而只伤害他们自己"。② 可见,古典美德概念要么被现代性删除了,要么被阉割了。我们知道,古典德性谋求的是城邦下的美好生活,而现代性道德谋求的是一种正义的生活;二者谋求的手段不同:古典德性寄望于美好城邦的建立,从而在与权力的结盟中体现

---

① 施特劳斯:"重述色诺芬《希耶罗》",何地译,施特劳斯、科耶夫著:《论僭政——色诺芬〈希耶罗〉义疏》,华夏出版社 2006 年版,第 211 页。
② 转引自施特劳斯:《霍布斯的政治哲学》,申彤译,译林出版社 2001 年版,第 21 页。

人性的卓越，现代性道德则是基于人性恶的考虑，通过降低人的道德要求，把美德转换为政治美德，从而体现人的相对正义的生活而不是卓越的生活。为此，古典德性提出了美德可教的问题，而现代性道德则根本不需要提出这个问题，或者说不存在提出这个问题的可能性，因为现代性道德是建立在自我保存的正当性之基础上，一切美德均出于人性虚荣自负之需要，因而无所谓真正的美德问题。因此，现代性道德不太需要追问美德可教的问题，它需要问及的是道德规范是否遵守的问题，因为道德规范的遵守涉及权利平等下的正义生活问题。由于现代性把道德降至最低，因而它相信公民的道德是可以教育的，然而它没有想到，道德规范的普遍性与道德情境的具体性的冲突导致道德教育的更大的困境。

二、中国社会的现代性问题

当代中国正处在转型期或者说面临复杂的现代性问题，而社会模式安排问题正是中国现代性的关键问题。西方现代性方案，经由马基雅维利和霍布斯等现代思想家的设计，即通过降低道德目标，把人性奠基在激情之上，[①] 从而试图构建一个"人人权利平等"的现代性社会。这个方案及其实践的问题，就在于现代性经由理性启蒙后的人自身的迷失问题。中国的现代性问题则不同，它是一个有自身文化的国家和社会如何进入现代性的问题。一方面是民族国家观念、政治结构与经济秩序的安排设计，另一方面也是更为紧要的是文化结构或精神心性秩序正当性的重新论证。[②] 这种论证及社会模式安排涉及到两个问题，一是个体与集体的关系摆放，或者说集体观念如何获得认同；二是感性与理性的实践融合。中国现代性发展确实存在着感性发展或个性与欲望解放的过程，试图走向一个更理性的社会，至少要实现公共生活的理性化，但并非必然是西方式的技术理性社会和单子式存在

[①] 施特劳斯：《霍布斯的政治哲学》，申彤译，译林出版社2001年版，第21页。

[②] 刘小枫：《20世纪思想家文库》"总序"，上海三联书店1999年版，第1页。

的社会，可能是公共生活的技术理性化与私人领域的情感化，但两者究竟如何结合还不知道。此外，这样一种趋势对个体与集体观念的现有模式也构成冲击，可能这两种观念都需要重新论证。

从社会模式看，市场社会应当是中国的基本社会模式。市场社会不仅仅是一种经济运行结构，更主要是一种社会模式。这一点亚当·斯密洞察深刻。其所设计的商业社会模式是以自利的道德价值体系作为基础，是市场运行模式与价值模式的统一。市场社会其实就是大众社会。这与其他现代性思想家的社会设计是类同的。

但就中国现代性而言，自身的文化特性决定了它进入这样的社会模式会遇到两个根本性的问题，即受到了既有政治体系和价值观的双重影响。与大众化社会相适应的是现代民主体系，市场经济的发展，内在地要求人成为独立的主体和理性的主体，内在地要求现代社会本质上成为一个具有自主性和自足性品格的"公民社会"。[①] 但中国的问题是，民主政治尚有待健全和完善。一方面是要完善和公共权力的制约机制，另一方面是要完善扩大公民的参与机制，这两个方面的核心是实现政治权力向公共生活开放。其中最重要的是有待于公民社会的发育和成熟，这是现代性大众民主的真正标志。而公民社会的成熟实际上是一个从情感社会走向技术理性发达的社会的过程，也是一个从感性不足走向感性发达和理性发达的过程。但正如有的学者指出的，中国的现代性存在感性现代性不足和理性现代性不发达的缺陷。[②] 政治体系如何建构公民社会的成熟，即如何解放个性同时增进公共生活的理性化，尚需要时间和设计。这个过程实际上也是价值重构的过程。

所以，另一方面，中国现代性问题的复杂性，更在于文化与价值系统的重新构造和认同。一个主要问题是，公共生活领域的道德系统有待于个体的认同和建构。一方面，传统道德的问题在于没有建立起个体心性论意义上的绝对价值观。正如刘小枫所说的，个体的生命与

---

① 金友渔："现代'公民社会'公共生活之意义彰显与民众公共人格的养成"，载《人文杂志》，2007年第6期。

② 杨春时："论中国现代性"，载《厦门大学学报》（哲学社会科学版），2009年第2期。

第三章 现代性道德与道德教育的现代性问题

道德人格附庸于儒家所说的王道，成为王道实现的工具，其最高境界还是与王道合二为一，而王道政治必然无法避免历史的偶然性，因而人的道德自律又蜕变为意志他律。① 整个社会的价值基础建立在他律之上，必然是不稳固的。另一方面，进入现代，中国又面临着修葺公共生活的伦理生态这一时代难题。② 这个难题就是，道德共契何以可能，或者说公共生活的普遍伦理如何获得个体的认同，因为个体化的意义建构与社会共同体的意义设定之间存在某种紧张。一方面，社会需要在公共生活领域建立起某种意义的共享，否则整个社会必定不牢固；另一方面，社会化的意义知识也需要在一定程度上满足"个体肉身化的偶在性需求"③。公共教育承担着公共价值的再生产任务，但是这种再生产需要以个体化的意义建构为基础，因为价值共契就是个体化意义向他人意义的通达过程，而没有获得个体认同的价值基础必然无法形成价值的共契。

固然，人的幸福和人性需要在社会中得以建构和回答，但如果不能建立起以人的绝对价值为基点的哲学，以人的幸福作为终极的拷问，人的存在就可能为社会所侵蚀和剥夺。这个问题是自柏拉图以来的思想家都尝试要回答的终极性问题。柏拉图的回答是哲学生活才是最美好的生活，因为哲学超越了政治。而卢梭则是在政治框架内回答美好生活问题，因为在他看来，人终究是要回到政治社会中的，返回到自然状态已经不再可能，因为人性往而不返。④ 但是对人性需要一个新的解读。卢梭认为，人性在自然状态中是好的，一进入社会就变坏了，据此，卢梭认为人的幸福需要以自然状态为标准，进而他认为政治社会存在的合理性或唯一的合理依据就需要以自然状态作为终极标准进行辩护。在卢梭那里，公民社会的个体心性绝对价值确立起来。

---

① 刘小枫：《拯救与逍遥》（修订本 2 版），华东师范大学出版社 2007 年版，第 85-143 页。
② 刘小枫：《现代性社会理论绪论》，上海三联书店 1998 年版，第 518 页。
③ 同上书，第 512 页。
④ 施特劳斯：《自然权利与历史》，彭刚译，三联书店 2003 年版，第 280 页。

❖ 道德可教的涵义与方式 ❖

西方现代性思想家对这个问题的回答则另有一套。他们把公共生活建设成为技术理性与形式伦理规定的领域，确立起以个体为核心的精神心性结构，从现代的视角回答了如何处理社会与人的关系问题。同时，以现代公民代替哲人或高贵的人。这样一种放弃使现代社会在培养什么样的人这个问题上变得相对稳妥，也相对明确和清晰。其巧妙之处在于，既确立了一个明确的标准，即人的自由和权利，但同时又放弃了任何实质性内容的道德考虑，使人的自由和权利成为形式化的东西，即在相互的尊重或相互的世界中使个体精神心性获得社会性，从而获得正当性。这样一种论证和实践，在人应当如何生活这个问题上既确立了明确标准，又确立起人的社会性标准。相应地，在现代性方案中，教育内在矛盾问题也得到了一定程度的回答，即教育如何处理好教育的社会性与个体性之间的关系，缓解了教育自身的内在紧张。这个回答就是，把人性定位在一个较低的层面上，以人的自由和权利为基点，放弃了实质性的道德内容，以道德形式即相互的尊重为保障，建构起交往的类集体，进而比较好地联结了社会性与个体性的关系。这样一种设计方案为教育培养人的活动明确了方向。

中国的情况则不一样了。中国是后发型的现代化国家，不允许走西方现代化的老路，需要在知识经济新时代中实现某种超越。与此同时，在社会模式上，中国既需要西方社会模式的某些要素，但又要照顾到自身的文化特色需要，其现代性进程受到了既有的社会模式和价值系统的双重制约和影响。一方面，它需要建构理性社会，实现公共生活的理性化，但又要防止技术理性化，重新塑造和融合情感生活，建设新型的社会模式。当代中国面临着以情感为特征的、以家庭伦理为纽带的生活共同体如何走向以理性为特征、以规则为生活规范的共同体的问题。显然，在生活领域的意义上，市场社会的一个直接结果就是以理性和规则为特点的社会形式在形成并在扩大着，基于自然意志、情感之上的共同体在缩小其边界。[①] 因此可以预见的是，适应市场社会需要的公共生活领域将获得重要的发展，或者说，公共领域文化与私人领域文化将出现重要的分离。但这样一种公共生活理性化又

---

① 晏辉："公共生活与公民伦理（下）"，载《河北学刊》，2007年第3期。

第三章 现代性道德与道德教育的现代性问题

由于中国文化自身特性不必然走向西方式的技术理性和单子式存在的社会。从西方看，个体性彰显和欲望的解放与理性现代性的形成是统一的。中国现代性首先也有一个欲望解放问题，欲望解放可以对社会模式建构提供基础性动力，但走向什么样的理性社会还受到情感社会的塑造。情感的萎缩与理性的发达是一种演变趋势，但情感的萎缩并不等于消失，其究竟如何演变实现新的结合并形成新的社会模式还有待观察。这个问题决定了康德式的交往关系教育和集体情感融合教育如何结合以及理性规则教育与感性教育如何结合还需要探索。当前的问题是感性教育相对发达而理性规则教育则不够发达。另一方面，要实现价值正当性的论证，避免个体性与社会性关系的模糊，既不走向西方式的以个体为价值基点的精神文化，又要避免以社会性统摄个体性进而遮蔽个体性的价值结构。这种不确定性导致基础教育改革缺乏自己的教育哲学，对教育的内在矛盾，即人的社会化教育和个性化教育缺乏绝对的价值支点。毫无疑义，这个支点应当是在政治社会框架内的人的好生活的发展。但正如卢梭的论证，政治社会存在的合理性和人的好生活状态都需要论证。素质教育理论旗号下的各种教育理念和办学理念的纷纭及其相应的实践探索就是很好的证明。新课程改革把一切为了学生的发展作为基本理念，作为一种方向无疑是对的，但何为发展实际上并没有明晰的标准。

中国社会的现代性问题决定了教育改革的复杂性。首先，教育改革理论由于社会方案的不确定性而显得无法适应现实需要。马克思主义关于人的全面发展学说对整个现代性都具有批判和反思意义，但中国当下的教育改革和课程改革最迫切要解决的并不是这个问题，因此它对指导中国当下教育改革实践还需要作进一步丰富和发展；杜威的教育理论要颠覆的美国传统教育与今天的中国教育相类似，但其教育理论显然不完全适合当下的中国教育改革，因为其时的美国社会模式与现在和未来的中国社会模式不同。杜威的教育理论是在西方现代性方案的设计与实践至少两个世纪后才出现的，也就是说，是在相对固定和确定的社会模式之下提出来的。杜威的教育理论对美国教育实践影响很大，正是因为它适应了大众化民主化时代来临时的社会需要。这主要表现为两点，一是用经验来联结知识与实践的距离，通过"做中学"和生活教育来挽救一个分化的社会中的人的整全性问题；

道德可教的涵义与方式

二是回答了一个大众民主社会究竟应当培养什么样的人的问题,即培养民主社会所需要的大众化人才和创新人才,切中了现代民主社会的特性和需求。同时,其教育思想也是与现代民主政治哲学相吻合的。而与他同时期的赫钦斯提出的自由教育实际上也是要挽救人的整全性问题,但其理念是要恢复古典自由教育,并把它推及到每一个公民,这显然不切合大众化社会的特性。事实上,赫钦斯根本就不想迎合大众社会需要,其理论的出发点就是挽救现代性的平庸和堕落,其教育理论和方案对现代性具有批判意义和纠偏价值,发挥看守作用,当然也吻合精英人才培养需要,但在根本上很难获得实践的大面积推行。所以,从西方经验看,教育改革理论与实践必须适应社会需要。对我们而言,教育改革和课程改革不能简单地寻求某种既定的理论,必须面向中国现代背景寻求解决办法。其次,教育改革缺乏绝对的价值支点。中国现代性问题的关键是自身特色的文化如何步入现代性,核心问题是个体性与社会性关系的处理,即我们需要什么样的政治哲学。西方是以个体自由为基点的形式平等作为个体性与社会性的价值处理。感性和理性的培育实际上是这种关系的另一个维度的反映。个体欲望的解放是个体自由价值的基础性工作,而理性培育则是权利平等社会对人的理性所做出的基本要求。理性的社会实际上是康德所讲的具有普遍规则的社会。理性启蒙的意义也在于此。感性和理性的发达是西方社会的个体性与社会性价值要求的重要基础。中国社会的感性和理性均不够发达,个体价值既不够彰显和深入人心,理性规则意识也未能得到普遍性培育。这对于中国走向现代大众社会是一个阻碍。同时,集体文化价值因为中国的情感社会特征存在,虽然受到市场经济冲击但并未有消失。个体性和社会性的关系仍然是中国现代政治哲学要面临的问题。教育改革正因为这个价值问题而缺乏自己的教育哲学。对道德教育更是构成困境。

教育是适应社会发展而发展的,很难作为某种动力推动社会的变革,相反应当是社会的变革推动教育的变革。中国的基础教育改革必须放在现代社会转型的视野中进行观察和设计。同样,教育在促进人的发展上绝对不是孤立的,而是要着眼于社会发展需要进行谋划。教育从来就不能超越于社会发展需要提前规划人的发展。柏拉图、卢梭的政治方案从来都是与教育方案一体的。当下中国选择何种教育理论，或者把教育改革引向何处，固然需要满足现实需求，但更重要的是要有现代性视野。

三、道德教育的现代性境遇与问题①

一些人认为，道德教育在当代出现了困境，并把它的原因归结为工具理性或市场时代的多元价值的冲击，归根结底就是，现代性自身的危机给道德教育带来了危机和困境。但是，人们常说的现代道德的危机和困境是比较古代性而言的，道德教育的问题也只是相对于现代性而言的。于是，我们不得不追问，道德教育在古代是否存在困境？或者说，道德教育自身是否存在问题？即道德是否可经由学校（或社会，这里主要谈学校道德教育）教育获得，在何种意义上它可以获得？如果道德教育在古代不存在困境，那么，现代道德教育的问题就可以在比较中找到解决办法，比如如何重建道德体系以应对多元价值的冲击。如果道德教育自身存在问题，即在任何时代都有困境，那么，道德教育就需要区分两种意义上的困境：一种是通常说的道德及其教育的现代性境遇下的困境，一种是背离现代性境遇所产生的困境。

道德教育的困境在古典作家那里就有提出。苏格拉底早就提出过"美德是否可教"的问题。究竟是否可教，苏格拉底并没有给予明确的回答。是否是苏格拉底对这个问题也没有把握呢？问题并没有那么简单。事实上，苏格拉底说，美德的获得是偶然的。尽管是偶然的，但毕竟需要通过教育而获得，并非指天生就有的。但在《高尔吉亚篇》和《美诺篇》中苏格拉底又怀疑美德的不可教。我们可以看到，在《理想国》中始终有两种声音：一种是哲人的，一种是大众的或政治的；在《高尔吉亚篇》中也有，智者的声音就是代表政治社会的。两种声音的安排体现了柏拉图的写作意图。施特劳斯认为它表现了一种"隐微术"，即柏拉图的写作体现了高贵的谎言与真理，也即

---

① 参见潘希武"道德教育的现代性：西方的境遇与中国的问题"，载《教育学术月刊》，2010年第7期。此处有一些调整。

❖ __道德可教的涵义与方式__ ❖

显白的教诲与隐微的教诲。① 按照这种说法,"美德是否可教"就意味着存在一种道德谎言或虚构,即美德或许对大众而言不可教,但又不得不对大众隐藏,并且还要以高贵谎言的手法说美德可教。柏拉图说的"人人可以至善"就是显白的教诲。亚里士多德在这个问题上倒没有隐藏自己的声音,他把德性分为理智德性和伦理德性,并认为前者可教,后者经由习惯而养成。然而,亚里士多德并没有说明习惯的养成时限问题,事实上习惯的养成总是一个持续而无终结的过程,因而不能用一时的状态表明某种道德品质的具备,因此他所说的"习惯养成"表明了道德教育的难题。此外,亚里士多德所说的伦理德性的养成是在政治的意义上说的,而非在哲学上对美德教育问题进行探讨。因而,亚氏的德性(政治德性)教育探讨是针对"贤人"②而非大众,大众的德性教育问题不得而知。

　　道德关涉人如何生活的问题。古典作家立足于人应当如何生活,现代性作家立足于人在规范下的生活。但无论如何,从美德与规范两个角度看,道德教育都存在自身的难题。一种被召唤的美德总是与人的德行存在差距,人应当具有的道德品质与人事实上的品性同样存在差距,人应遵守的道德规范与人的实际道德行为也有差距。因为美德或人性的卓越总是偶然性的表现,人应有的道德品质是一种抽象的和静态的要求,且它并不必然总是体现为道德正确,人应遵守的道德规范则是普遍的规定,它必然与人的道德行动的偶然性存在背离。所以,道德教育自身的难题总是存在的,而不是因为现时代的变化才出现困境。如果把道德教育困境归结为现代性境遇,归因为市场时代和工具理性,必然寻求一种返回前现代或古代的思路,或者寻求传统与现代的对接,但事实上这种思路拯救不了现实。正如卢梭所说的,人性往而不返,科学或许带来了人的不幸,但人不可能再回到自然状态。即便科学或哲学不走向大众,不像马基雅维利那样教授邪恶或把

---

① 施特劳斯:"写作与迫害的技艺",林国荣译,载贺照田编:《西方现代性的曲折与展开》,吉林人民出版社 2002 年版,第 207 – 225 页。

② 贤人不同于哲人,它具有公民一词最丰满最美好的含义。见泰西托雷:"亚里士多德对最佳生活的含混解释",李世详译,载刘小枫,陈少明主编:《经典与解释:政治生活的限度与满足》,华夏出版社 2007 年版,第 61 页。

❖ 第三章 现代性道德与道德教育的现代性问题 ❖

真理公布于众,道德教育问题依然存在。恰恰是哲学与洞穴的分隔,表明德性卓越的偶然性以及大众的道德习俗生活的必要性。

道德教育自身存在的困境与人性密切相关。古典作家认为人性是善的,但是否走向卓越则只是一种可能,柏拉图提供了一种可能的样板;霍布斯等人认为人性是恶的,他们放弃了人性卓越的追求,相信建立在人性自利基础上的社会更为稳当。不管人性如何假设,人性走向卓越都没有普遍的规律,人性的卓越表现是一种偶然。如果把偶然性的东西当成必然性来规划教育,道德教育的困境就出现了。

(一)西方道德及其教育的现代性境遇

古典作家从最高的意义上探讨的是一个德性社会。这种探讨与维护哲学事业或哲人的生活方式密切相关。柏拉图哲学中的哲人是一个始终追问"何为美好生活"的形象,柏拉图的苏格拉底是一个与城邦保持相当的隔绝却又站在城邦之内,同时又终身关切什么是"好"的哲人。正是由于他站在城邦之内又以哲学来审视社会,以真理替代洞穴之见,或者说用普罗米修斯之火去照耀洞穴,给"现代"青年带来诱惑,最终难免死在雅典民主社会之下。柏拉图的哲学事业就是要探寻哲人如何在政治社会中获得自身的生存方式,以捍卫崇高的哲学生活。在施特劳斯看来,如何处理哲学(哲人)与政治(大众)的冲突是柏拉图《理想国》的主题。[①]

哲学与政治具有不同的逻辑。哲学始终关切何为"好"或"真理",而政治和大众社会则关切正义或相对的好。由于大众社会是一个"意见"和信仰的社会,因此它与关切"真理"的哲学是相冲突的。哲学与政治是没有和谐的。[②] 政治不可能按照"真理"的逻辑来运行,而如果用哲学来要求政治必然使哲学事业断送。这是施特劳斯的古典政治哲学的一个基本假设。正是由于两者的不和谐,保持它们之间的张力就有必要。所以,在柏拉图那里,哲人不能一味地去迎合大众的口味,需要与政治社会保持相当的隔绝,但又不能脱离政治社

[①] 施特劳斯:"写作与迫害的技艺",林国荣译,贺照田编:《西方现代性的曲折与展开》,吉林人民出版社2002年版,第205页。

[②] 同上书,第207页。

❖ 道德可教的涵义与方式 ❖

会,或者把自己的生活方式强加给大众,否则可能会被大众"意见"和信仰所杀。洞穴之喻表明,哲人终究要回到(洞穴)大众生活中去。后来的尼采在《查拉图斯特拉如是说》中也表达了同样的处境:哲人(查氏)在山上孤独地生活了十年,最终还要下山传教,甚至第三次下山。

在哲学与政治的冲突面前,柏拉图提供了两种方案,一是哲学统率政治而不是归属于政治,即哲人王治理政治,或者哲学与政治的结盟,为此,柏拉图试图描绘一个哲学生活得以生存的样板城邦;二是采取了古典哲学惯用的"隐微术",对大众采取了一种显白的说教,或者说是高贵的谎言,把"真理"隐藏起来,让少数"明白人"听懂。但后一种为尼采所反对。尼采认为,哲人不能迎合大众,不能说一些诸如"人人可以至善"之类的道德谎言,否则就会丧失哲人的"求真"意志,但"真理"也不能直说,只能说给有"耳朵"的人听。柏拉图当然知道美德对大众而言难教,但还是在大众之中编造起道德谎言或树立起道德虚构[1],马基雅维利公然撕破了这种高贵的谎言,把古典哲学的隐微术公布于众,祛除了城邦生活所必需的高贵的幻象与神话,[2] 在人性的低处重新构建起一个有别于德性社会的全新社会。

现代性用权利置换德性,这是马基雅维利等现代性思想家建构现代性社会的起点与核心。马基雅维利认为,构建品德高尚的生活及建立一个品德完善的社会是一种幻想,是注定要失败的,政治生活的目

---

[1] 传统的哲学隐微论相信高贵谎言和道德虚构的不可或缺性。因为道德虚构可以建立起某种道德秩序,把公民的恐惧与希望拉入体面而公义的社会实践。洛伦斯·朗佩特:《尼采的使命》,刘小枫编,李致远、李小均译,华夏出版社2009年版,第5页。我们曾经大规模建立起道德虚构,即便在当下的德育实践中也还有诸多道德虚构,道德拔高、"道德"之上的所谓"更道德"都是典型的道德虚构。不过,古典作品中的道德虚构是哲人的编造,而我们时代的道德虚构则是意识形态的建构。

[2] 德鲁里:《列奥·施特劳斯的政治观念》,张新刚,张源译,新星出版社2010年版,第282页。

第三章 现代性道德与道德教育的现代性问题

标应当是大多数人在大多数时间里所实际追求的目标①，显然，马基雅维里要反对的是柏拉图式的德性社会，他反对把道德问题归属于政治。事实上，柏拉图对德性样板城邦的探讨在亚里士多德看来也不切实际，并且很累，但亚氏并没有尝试构建一个大众的社会而是一个贤人政治。马基雅维里试图构建的政治社会有两个特点：一是针对大多数人的，二是这个社会对道德的要求是大多数人大多数时间的道德表现，而不是把它建立在某种偶然性的德性卓越之上。所以，建构这样的社会需要把道德从高处拉向低处，不应只关注"应当如何"的问题，而是要关注人们事实如何的问题。那么，道德的低处在哪里呢？在马基雅维里那里，道德律或自然法则被理解成一种自我保存的权利；根本的道德事实乃是一种权利，而不是一种义务。② 在霍布斯那里，道德只能奠定在人的激情之上，由于人的激情在于虚荣自负和对死亡的恐惧，因而出于恐惧的动机而采取的自我保存就是自然正确的。③ 所以，霍布斯将道德问题还原为技术问题，用人的权利取代了自然正当，把"应当"拉回到并使之俯就世俗的存在。④ 因此，道德不应关涉应当如何生活的问题，它只能是一种出乎自我保存需要的权利。卢梭看到了德性在现代性方案中的缺失，在他看来，文明和现代使人类丧失了美好，于是他想构建一个美好社会。而这个美好社会不是回到前现代，而是回到自然状态下的那种美好。但卢梭的自然状态不同于霍布斯描绘的自然状态，卢梭同意霍布斯对人性的分析，他甚至把人性看得更低⑤（并非是指人性更恶，而是指它的动物般原始），并且认为，对人性恶的限制不能寄望于对人的完满性的普遍要求

---

① 施特劳斯，约瑟夫·克罗波西：《政治哲学史》，李天然译，河北人民出版社1993年版，第451页。
② 施特劳斯：《自然权利与历史》，彭刚译，三联书店2003年版，第185页；《政治哲学史》，河北人民出版社1993年版，第327页。
③ 施特劳斯：《霍布斯的政治哲学》，申彤译，译林出版社2001年版，第21－27页。
④ 施特劳斯："现代性的三次浪潮"，丁耘译，载贺照田编：《西方现代性的曲折与展开》，吉林人民出版社2002年版，第93－95页。
⑤ 普拉特纳等：《卢梭的自然状态》，尚新建，余灵灵译，华夏出版社2008年版，第102页。

❖ 道德可教的涵义与方式 ❖

（或许爱弥尔式的哲人或神学家可以寄望于人性改造得以实现，但公民社会则不可），唯有依赖于普遍的权利。① 正因为卢梭怀疑启蒙了的自利可以成为公民社会的根基，又深知个人自由与市民社会之间的紧张，于是卢梭既拒绝了古代人的方案，又拒绝了霍布斯式的方案，设想出一种人人同意的"公意"社会，以求得个体自由与共同体的责任之间的和解。然而，"公意"不过是一种普遍的承认，这样的社会也无所谓道德上的绝对好与坏，而只有形式正确。康德进一步完善了卢梭的普遍意志之说，他提出用形式上的合理性，也即是普遍立法之原则来检验行为准则之善性，而不必要诉诸任何实质内容的考虑。② 普遍承认的就是正义，就是善性。经过马基雅维利、霍布斯的现代性建构，古典德性概念的内涵发生了急剧的变化：马基雅维利把德性化约为政治德性，霍布斯把德性化约为社会德性；德性不再是指勇气、节制等，而是指基于权利之上的现代意义上的正义，即不加限制地把德性等同于道德法则。③

现代人把道德归属于政治，表明现代人不再相信人性的最高可能性，但现代人相信可以在一个政治社会中获得普遍的正义，于是不得不降低道德的目标。④ 柏拉图对"美德是否可教"问题的回答的不同安排或者显白与隐微的两种说教，表明古代人相信德性生活优越于政治生活，相信德性社会与政治社会的鸿沟，相信在政治社会之上还需要有一个德性社会作为样板，相信道德虚构与道德现实的鸿沟，而现代人则不满足于道德理想与道德现实之间的鸿沟，完全放弃了道德理想与道德虚构，或者说把道德想象留给了上帝，把道德事实留给了公共领域。为了消除这个鸿沟，现代性思想家设想没有更高的道德要求，或者把"应当"设想为同人的最强烈的、最共通的激情相一致，使"应当"俯就"实在"。这就是道德的最为根本的现代性境遇。这

---

① 施特劳斯："现代性的三次浪潮"，丁耘译，载贺照田编：《西方现代性的曲折与展开》，吉林人民出版社2002年版，第283页。
② 施特劳斯："现代性的三次浪潮"，丁耘译，载贺照田编：《西方现代性的曲折与展开》，吉林人民出版社2002年版，第95页。
③ 同上书，第191页。
④ 施特劳斯："重述色诺芬《希耶罗》"，载古热维奇，罗兹编：《论僭政——色诺芬〈希耶罗〉义疏》，何地译，华夏出版社2006年版，第211页。

种境遇表明，现代性道德已经不再相信能够知道什么是好与坏了，一切都以人的权利或普遍的承认作为标准，如韦伯所说的"诸神共舞"或尼采意义上的价值虚无；或者说现代人宁愿相信自我保存就是道德的唯一标准，不愿相信道德崇高，至少是在公共领域放弃了道德想象或道德虚构。因此，以普遍承认或以权利为主的道德规范成为现代性道德的全部内容。

于是，西方道德教育的现代性境遇表现为：

1. 现代性道德教育把教育内容从古典德性教育转变为公民教育，变成一个公民而不是一个"好人"成为现代道德教育的根本指向。由于现代性把道德归属于政治，因此现代性道德已经无法在哲学意义上提出何为正确的问题，而只能在政治上提出对与错的问题，即何种品格是公民社会需要的问题，而诸如尊重、诚信之类的道德品格是以权利为核心或相互的普遍承认为前提作出的，因此，品格教育已经放弃了古典德性教育中的人性卓越的要求。

2. 由于现代性降低了道德的目标，道德规范成为道德教育的主要内容，教人遵守道德规范而不是培养德性成为现代道德教育最低的也是最高的诉求。也因此，道德法制化和道德规范教育成为道德教育最后的堡垒，当然这也恰恰是公民道德教育卓有成效的地方。

3. 在公共领域，现代道德教育已经放弃了道德虚构，灵魂至善的问题留给了上帝。当然，这并不否认在公共领域还存在人性卓越的道德教育，但至少道德虚构或道德样板并没有确立起来。这意味着，现代道德教育虽然还相信道德崇高，但只是相信它的偶然性获得而非普遍性的获得，因此，现代道德教育并没有把偶然性的道德崇高推及到大众，并把它规划为理性的教育方案。

4. 在道德教育模式上，西方在20世纪出现了诸多理论，比如价值观澄清模式、道德认知发展模式、社会学习模式、品格教育模式、关怀伦理模式等。这些众多理论的出现，实际上是道德相对主义与道德普遍主义取舍中的产物。价值观澄清派认为，不存在普遍的绝对的价值标准，价值是因人而异的，因此价值观教育无法对各种价值进行对与错的判断，它也应当是在不同的价值观立场之间保持中立，着重提高学生的道德选择能力。柯尔柏格的道德认知发展模式是针对并试图解决道德相对主义的问题的，它采取了一种形式普遍主义的理论立

道德可教的涵义与方式

场,即坚持道德思维方式的普遍化,试图在承认道德的多元化并回避价值多元问题的基础上解决价值混乱问题。但实际上任何道德思维都涉及到具体的价值判断与选择,它仍然还是道德相对主义。品格教育认为应当教导学生一些核心的道德价值,诸如关爱、诚实、诚信、自尊和尊重他人等,但实际上我们看到,所谓的普遍性的道德品格不过是现代人认同的一套价值体系,它是以权利为基础、以普遍的承认为前提的,因此,品格教育也不再存在古典意义上的对何为对错的询问,也缺乏绝对的对何为"好"的道德追问,实际上还是缺乏任何实质内容的形式考虑。

(二) 中国道德教育的现代性问题

当下中国正面临着现代性建构问题,道德教育如何走同样也绕不过现代性。我们道德教育可以不走西方道德教育现代性的旧路,但是却不能不进入现代性。因此,我们道德教育有自己独特的现代性问题。事实上,正是我们的道德教育的现代性不足才使得其显得问题重重。其具体表现如下:

1. 道德虚构不但在私人领域存在,而且还在公共领域(主要是学校和公共舆论空间)确立起来。西方古典德性社会里,柏拉图在处理哲学与政治冲突的问题时,面对大众的美德教育问题采取了"高贵谎言"的手法,即柏拉图明知道大众的道德平庸无企及美德事业而不得不编造了道德虚构,所谓"人人可以至善"。马基雅维里等现代性思想家则把道德从高处往低处拉,完全抛弃了道德虚构。我们道德教育正在走入现代性,但我们没有像西方道德教育那样通过降低道德目标从而放弃道德虚构,而是在公共领域建立起道德虚构,并以道德虚构作为我们道德教育的重要目标。尤其是,道德虚构在我们这里不是哲学上的编造,而是意识形态的产物,这意味着道德教育似乎要把道德虚构变为现实。这种虚构与大众社会是不相适宜的。

2. 我们的道德教育既没有走入西方的道德教育现代性,也没有真正返回到古典德性社会的德性教育。我们既与西方现代性的道德教育相背离,也与古典德性教育相背离。因为我们的道德教育把针对少数人的德性教育推及到全体大众。在施特劳斯政治哲学看来,柏拉图式的教育从最高意义上讲是一种德性教育或哲学教育,也即是基于哲

第三章　现代性道德与道德教育的现代性问题

学与政治冲突的考虑对哲学如何在大众"意见"中获得"美好生活"的追问而进行的哲学教育，因此，柏拉图式的教育是针对哲人王的而非大众的，它不同于现代的社会美德教育；这也是所谓古典自由教育的内涵。而我们的道德教育则把古典德性教育的德性卓越推及到全体公民。德性卓越的偶然性是为古典作品所承认的，也为现代性思想家所承认，但现代性思想家为了掌控命运，于是降低道德目标。我们道德教育似乎没有正视德性卓越的偶然性问题，也没有放弃道德虚构。其实，问题并不在于是否需要道德虚构，而在于把道德虚构留给谁以及采取什么形式开展教育。我们道德教育当下最根本的问题就在于把德性教育广泛化，即把原本属于少数人的德性教育推及到全体大众，把某种偶然性的德性获得当作理性的规划与普遍的要求。这个问题的结果必然是道德说教的流行与道德虚伪的产生。我们经常教人道德崇高，但我们很少考虑我们所处的现代性大众社会对道德的要求，这必然产生一种困境。德性社会在道德上肯定要优于商业社会或现代民主社会，这是为亚当·斯密所承认的，但民主政治生活较之德性生活更适合大众。斯密也知道并想克服民主社会的道德缺陷，所以也没有忘记构建一个与商业社会相适应的伦理框架。我们或许需要保持道德虚构，但如何解决它与道德现实之间在教育上的冲突，是值得思考的。

3. 我们在公共领域确立起了道德虚构，但是这种道德虚构又不是柏拉图意义上的那种。我们的道德虚构把公共领域与私人领域的道德混为一通，没有保持明显的区别——有些道德问题本属于公共领域道德但没有转变为公德，反过来说，有些本属于公德领域问题但又把它归为私人领域，于是在强调公民教育的过程中，渗入了过多的道德传统教育（即个人道德修养教育），从而淡化了作为公民的基本道德规范的教育。最为明显的是，在"做人"的领域，我们通常把人与人之间的很多道德规范问题看作私人事务，或者说我们喜欢把人与人之间的私人处事规则应用到工作中去，结果是，本属于公共领域的道德及其教育问题我们把它归结为私域道德以及个体的道德修养。在柏拉图笔下的德性社会或古希腊城邦社会中，公共领域与私人领域是不分的，而在现代性社会中两者是相分离的。为此，是在公共领域还是在私人领域建立起道德虚构是值得思考的，即便在公共领域建立起道德虚构，它的内容也应当与私人领域的区别开来，据此，在公共道德

❖ 道德可教的涵义与方式 ❖

领域贯穿个体道德修养式的教育是不太妥帖的。公共领域或许需要道德虚构，但如何进行道德教育则需要思考。道德虚构可以是一种谎言，但如果把谎言当成事实来进行教育则会成问题。

4. 道德教育方式不够现代。从历史看，道德说教是宗教领域常见的教化方式，或是政治社会的意识教化方式，应当说是一种前现代的教育方式。它的存在与集权和社会等级特性密切相关。现代社会是个价值多元社会，没有绝对的价值观，人们有选择价值的自由。道德说教意味着把自己的价值观强加给其他人。这种方式显然无法适应现代，必须加以改造。

我们道德教育的根本问题发生于现代性，主要是由于还不够现代性，即我们道德教育没有步入西方道德教育现代性的前路，从而开始以基本道德规范教育为主的德育规划。我们道德教育站在现代性的路口，不想重复西方的老路，但又带着古典德性教育的问题，难免棘手。道德说教就是这样产生的。如果我们坚持确立公共领域内的道德虚构并依此开展教育，即便道德教育回归生活世界，也很难说道德教育就得到了根本的改善，因为道德内容选择的错误决定了教育方式的改进于事无补。所以，道德教育的首要问题不在于教育方式转变，而在于现代的道德内容体系的建立。而我们的问题正在于公共领域内的道德虚构的确立，并把德性教育推及到公民大众。道德教育向生活世界的回归只是改变了表面问题而没有触及到并改变深层次的问题。

如果在公共领域确实需要道德虚构，那么，也一定不要把德性教育泛化。如果把道德虚构留给私人领域，则似乎可以避免德育中的根本性问题。为此，则需要重新建构道德教育体系。这是道德可教的前提问题，是提高学校道德教育效力首先要关注的问题，即建立起适合中国现代性道德及其教育体系。道德内容和标准超越于这个时代和社会，或者说用传统社会的道德标准和内容体系来强加于现代社会，必然导致道德不可教或道德教育的低效。

第四章 道德可教的三重意蕴及其低效性存在

道德教育的效力问题在回答建立中国现代性道德教育体系之后，还面临着道德自身是否可教的问题。因为有了合适的道德教育体系，并不意味着道德教育的效力就一定会提高。那么，道德可教究竟意味着什么？当然，有的人认为道德是不可教的，因为道德并非是一种知识。确实，道德并非是知识，而是一种实践的生成，但并不能因为道德的非知识性就认为道德不可教。"教"不能理解为传授，传授这一概念是对教育内涵的狭隘化。传授意味着所教内容的教条化和操作化或工具化，而教育并非是某种技能或操作性的训练过程。把"教"理解为传授是根本性的错误。知识教育也并非是一个传授的过程，知识教育的意义在于使人获得对世界的意义的理解。教育的目的就在于使人受到教育，而非某种知识或技能的传授过程。道德教育的目的也在于此。道德知识论或道德语言无法应对现实世界。知与行总是无法一致。知道并不必然行道。这是存在论的困惑，也是道德的困惑。因此，道德可教无法定位于道德的生成。道德可教意味着对他者和世界的道德理解和通达以及自我道德话语和行为的构造，而不是意味着特定的道德场景与道德言语的教育就必然产生特定的道德行动。道德虽然是实践的生成，而非知识的推证，但实践的生成需要有对道德的理解和通达，没有理解和通达，道德固然也可能生成，但必定是错位的生成，没有价值。当然，道德的理解和通达并非完全是理性的理解，同时可能是一种感性的理解或经验的理解，也可能是一种情感的共通或舍勒所说的道德的召唤。正是由于道德的理解有多种方式或路径，比如经验的、感性的、情感的理解，而且还包括方式实现上的个体差异的存在，道德可教的内涵可具有三重意蕴。第一，就个体差异而言，美德并非是人人皆可理解通达并实现行为的生成的；第二，道德

❖ __道德可教的涵义与方式__

的生成是具体和变动的,因而感性或情感的理解通达也是变动的,因此,道德是个养成的过程;第三,道德的生成是经验的,因而具有偶然性,并决定着道德教育的某些低效性存在。

一、美德可教的隐微教诲

(一) 古典作品的回答

苏格拉底为什么会被雅典判处死刑?罪名之一是说他不信城邦诸神[①],败坏青年。这里面反映了哲人与大众社会之间的冲突,也即是哲学与政治之间的冲突。哲人过的是一种探讨"何为美好生活"的生活,而大众必是一个"意见"的社会,真理与意见总是格格不入;哲学与政治的逻辑不相同:哲学是一种脱离政治立场的追问,政治必有自己的政治立场与意识形态以及现实的考量,因此二者间也是冲突的。但哲学与政治间的冲突并不表明哲学是反政治的,事实上,政治与哲学的目的一样,都是实现美好的生活,但是政治家必定要考虑到统治秩序和利益,因此政治总是有限度地实现较好的生活或相对正义的生活,而不能实现像哲学探讨的那么完美的生活。即便哲学探讨考虑到人性的弱点和有关现实,哲学还是具有对现实批判的品格,因此,哲学与政治之间的冲突不可避免。苏格拉底对美好生活的探讨,是不是动摇了政治社会的平庸生活的根基不好说,但肯定与政治或大众社会是冲突的。雅典民主派非要处死苏格拉底,恐怕与哲学和政治之间的冲突相关。从哲学上探讨究竟什么是好的生活,当然是可以的,问题在于,大众社会需要过以至有没有能力过一种德性的生活?这些问题需要讨论。

就学校美德教育而言,学校要把学生引向何处呢?具体说,是按

---

① 在柏拉图的《游叙弗伦》中,苏格拉底与游叙弗伦讨论的不是"诸神是否存在",而是如何对待诸神。诸神保证的是民众的、习俗的宗法生活,而在苏格拉底看来,追求灵魂卓越的爱智生活当然是"好"的生活,因此,问题并不是神是否存在——苏格拉底在临死之时还不忘记嘱托克力同向医神阿斯科勒庇俄斯祭献一只鸡,这表明他是信神的,而是否是"好的"生活,究竟什么是"好"。这样,苏格拉底就用"好"的哲学理念代替了诸神。

第四章 道德可教的三重意蕴及其低效性存在

照政治教化之需要来塑造人还是按人的幸福生活所需要来塑造人？换句话说，探讨学校美德教育是从哲学还是从政治的角度。在柏拉图笔下，哲学就是教育或者就是德性教育。如果从哲学上探讨，那么美德教育就是引导人们走出"洞穴"之外，过一种灵魂卓越或幸福的生活。问题是，在现代社会，教师不是哲人，他们无力引导学生走出洞外；教育也不是哲学，而是某种社会的行动，道德教育显然带上了教化的色彩。现在有很多人喜欢讲教育就是要培养人的自由，教育的目的就在于人的幸福，这些提法都是有问题的，但从哲学上探讨是可以的。而且这种探讨，也只可能是把教育方案与政治方案联为一体时的一种探讨，而不能从教育一个维度主动地探讨如何培养人的自由和幸福。在现代社会里，教育不可能脱离政治意识形态，学校道德教育也不可能没有政治立场背景。现代社会里已经没有古典哲学教育或德性教育，只有社会美德教育或公民美德教育。西方现代所讲的自由教育或通识教育只可能是现代自由教育而不是古典自由教育。古典自由教育所探寻的是哲学在政治社会中的生存问题，即政治社会中的人性最高可能性的教育。现代自由教育探寻的是现代知识分化条件下的人的灵魂的整全问题。

在柏拉图的《理想国》中，苏格拉底苦心探索的是何为"好人"以及如何成为"好人"；而柏拉图探索的是苏格拉底这样的哲人为什么死在民主政制之下以及哲人如何求得生存，如何在政治中谋得自身的哲学生活方式问题。换句话说，哲人如何在政治中既说出了"真理"，又维护了群众的信仰而没有触犯大众。因为哲人的美德，即对美好生活的追问（尽管可能没有答案），注定是与大众社会的习俗相冲突，或者说哲人美德与社会美德相冲突。正是基于这种冲突的考虑，柏拉图从哲人的处境出发，努力探讨了一个哲人王的样板城邦及一个德性的社会。也就是要确立哲学对城邦大众意见的统治地位，由哲人来为大众立法——不仅为城邦制度立法，还要为大众人生立法，从而捍卫生命的自然等级秩序。但在尼采看来，柏拉图放弃了前苏格拉底哲学家的自然哲学特质和悲剧精神，转而编造了一套"灵魂不朽"和"至善"之类的神话或谎言，去迎合大众的口味和偏见，从

❖ 道德可教的涵义与方式 ❖

而丧失了哲人的"求真意志"①。尼采说出了柏拉图的思想困境,柏拉图是基于苏格拉底之死,为哲人在城邦政制之中的生活辩护的,所以他采取了一种稳健的做法——他当然知道哲人的求真意志,但他更明白哲人也不能完全脱离大众。因而施特劳斯看得更透彻,柏拉图编造的谎言是为了更好地维护城邦的统治秩序。

柏拉图编造了一套谎言说给大众听,其背后必定隐藏着某种"真理"要说给少数人听。这也是柏拉图的哲学采取对话戏剧形式的原因。事实上,柏拉图的对话总是至少存在两种声音,一种是哲人的,另一种是大众的。② 柏拉图一方面编造谎言迎合大众,另一方面用隐微的方式来表达"真理",事实上是承认在哲人与大众之间存有道德上的等级分层,承认哲学与政治之间的冲突,或者说是哲人与城邦之间的冲突。柏拉图的洞穴之喻表明,哲人有哲人的生活,而大众有大众的生活;洞穴中的囚徒即大众是不相信哲人的真理的,而哲人也是无法指导大众的。哲人要想在大众民主中生活,而且是过着一种求真的生活,过着一种美好生活,就需要隐藏自己的真理,否则就会被大众意见所杀。那么,哲人如何可以撕掉自己的面具呢?

哲人要想在大众社会中过着自己的生活而不必遮遮掩掩,就需要探索一种美好的城邦,实际上也就是探索"何为美好生活"。柏拉图的《理想国》的主要意义就在于这种探索。柏拉图从人的本性来考察政治制度,把人的生存上升到政治的生存。柏拉图以人为理性动物,他在《国家篇》中把人的灵魂分为理性与欲望及激情三部分,认为唯有以灵魂控制激情与欲望,以理性节制欲望才能达至正义,即

---

① 尼采反对柏拉图编造所谓"高贵"的谎言去迎合大众的口味,从而败坏了哲学的气质,但尼采也不主张像启蒙哲人那样公开批判大众的信仰,尼采同样继承了柏拉图的"隐微说教"与"显白说教"的技艺,因此尼采在谎言与真理之间采取这样一种立场:谎言不说,但真理也不直说。可参见刘小枫《尼采的微言大义》、《刺猬的温顺》,载《刺猬的温顺》讲演及相关论文集,上海文艺出版社 2002 年版,又见吴增定《尼采与柏拉图主义》,上海人民出版社 2005 年版。

② 当然,《法义》中哲人是缺席的。这是唯一的哲人不在场的对话。

第四章　道德可教的三重意蕴及其低效性存在

一种协和或和谐的社会。① 所谓正义是指人的灵魂秩序的恰当安排。柏拉图为什么要探讨灵魂呢？这主要是因为城邦的善不是来自于体制的模式，而是来自于创建者或统治者的灵魂，灵魂的类型决定了政治制度的类型。事实上，柏拉图的正义概念包含人的灵魂与国家结构的等级制安排，灵魂的秩序与等级制政治结构密切相联，即是说灵魂中的三种力量谁占统治地位决定了政治制度形式。在《理想国》中，柏拉图分析了荣誉政制、寡头政制、民主政制和僭主政制四种制度与灵魂性格的关系，认为四种政制的次序是一个灵魂逐步腐化的过程。② 因此，良好城邦需要追问善的问题，并且城邦的善才是最高的善。③ 为此，一方面，他借用尼采的话说是编造一套"灵魂不朽"和"至善"的神话或谎言来迎合民主社会的口味；另一方面，他也明白得很，光是一套神话还不足以建立一个美好生活的社会，因为他承认人的资质是存在差别的，铜质与铁质的人的心灵是不可能摆脱变化纷纭的"现实世界"，不可能认识到洞穴之外的世界与善的，因此，他需要寄望于哲人来进行统治，从而实现最高的善与达致一个德性的社会。在他的洞穴之喻中，那个走出洞外的人就是哲人，哲人又要回到洞里，这表明哲人需要为大众立法——不仅为城邦制度立法，还要为大众人生立法。后来的尼采借用查拉图斯特拉第三次下山之说也表明了类似的意向。

柏拉图对美好政治制度的探索是否是基于对时代危机与腐败社会的拯救，似乎并没有什么证据可以说明；比较可信的是他要处理哲学与政治的关系。这种关系的处理简单说来就是，由哲人来为大众立法，从而捍卫生命的自然等级秩序，建立一个正义和善的哲人统治的城邦国家。柏拉图承认生命存在自然的等级秩序，用尼采的话说就是存在"强者"与"末人"之别；柏拉图把人分为金、银、铜三种材

---

① 柏拉图：《理想国》439－445，王晓朝译，《柏拉图全集》（2），人民出版社2003年版，第418－426页。
② 沃格林：《〈王制〉要义》，载刘小枫编：《〈王制〉要义》，华夏出版社2006年版，第251页。
③ 柏拉图：《理想国》420b，王晓朝译，《柏拉图全集》（2），人民出版社2003年版，第390页。

❖　**道德可教的涵义与方式**　❖

质，认为国家应由哲人来统治，"废铜烂铁"是不能执政的，否则国家就会倾覆；只有这样的一个符合生命自然等级秩序的社会才是正义也即是和谐的。所谓正义的国家就是高等级统治低等级，并且金银铜三个等级互不干涉的国家；① 所谓善的国家，是指有德性而不是追求个人自由的国家。柏拉图的《理想国》中的苏格拉底所努力构建的政制是没有法律统治的，因为法律统治表明还存在不正义的地方；而要实现正义和有德性的政治生活，就必须依赖于哲人的统治，而把那些只搞政治而不研究哲学或只研究哲学而不搞政治的碌碌无为之辈排斥出去，② 也即是说，美好城邦能否实现在于哲人与统治者的结合：或者是哲人成为统治者或者是统治者成为哲学家。③ 只有在这样一个国家里，哲人才能得到充分的成长，进而保卫自己的和公共的利益。④ 然而，苏格拉底明白得很，美好城邦能否实现要靠运气。但是这种对美好生活的探讨毕竟展示了人的德性生活的最高可能性。

美好生活就是德性生活，美好城邦就是德性的城邦。德性生活或城邦要靠自由教育才有可能实现。柏拉图的国家是个教育的国家。护卫者与哲人王都需要通过一整套的教育才可能培养出来，只有通过教育才可能培养出有德性的公民，从而建立一个德性的社会。但是美德是否可教呢？如果美德不可教，那么美德社会就不可能得以实现。显然，柏拉图的《理想国》提供了最为宏大的教授美德的计划。不过，他的其他对话如《美诺》和《普罗塔戈拉》则挑战美德的可教。尼采《查拉图斯特拉如是说》的挑战则更为激烈。在《美诺》中，苏格拉底和美诺探讨了美德是否可教的问题。苏格拉底认为，如果美德是知识⑤，那么就是可教的；如果美德不是知识，那么就是不可教的。所谓"教"就是传授、传递。"美德是否可教"就意味着有无好

---

①　柏拉图：《理想国》420b，王晓朝译，《柏拉图全集》（2），人民出版社2003年版，434a 以下。
②　同上书，473e。
③　柏拉图：《理想国》473d，郭斌和，张竹明译，商务印书馆1986年版。
④　同上书，497a。
⑤　"美德是知识"意味着人从智慧中知道什么是美德，比如，关于勇敢这个德性，首先需要明智地判断出什么是危险的、什么是不危险的；相反，如果不知道何为勇敢，就无法具有勇敢的德性了。

第四章　道德可教的三重意蕴及其低效性存在

人知道如何把自身的善传递给别人,或者说这种东西是不能传递给别人的。如果美德是技艺方面的知识,那么美德是可教的。比如武士的美德首先是善于打仗,医生的美德是善于治疗疾病,这些美德是可教的。但这是一种技术上的德性而不是智慧的美德和伦理或道德的美德。正义、勇敢和节制是道德的美德,但它们可教吗?显然不可教。苏格拉底举了几个例子加以说明:塞米司托克勒使他的儿子克莱俄芳图得到了良好的训练,获得了很多技艺,但并没有获得更多的美德;伯里克利让他的两个儿子接受骑术、音乐、体育以及其他各种技艺的训练,但也并没有使他们成为善人。这就表明美德并不是知识。但在《普罗塔哥拉》中,苏格拉底又似乎证明美德是知识。在该对话中,苏格拉底与普罗塔哥拉就"美德是否可教"展开了讨论。苏格拉底在辩论的初始认为美德是不可教的,但后来又力图证明诸如正义、勇敢、节制之类的美德是知识,似乎又表明美德是可以传授的;而普罗塔哥拉起始认为美德是可教的,但后来又企图证明美德不是知识,这似乎又与他起初的观点是相矛盾的。[①] 在这篇对话中,两人之间的对话似乎不是很愉快,讨论的结果也是不了了之。但我们可以看出,苏格拉底首先要界定美德是否是知识或什么是美德,显然是针对智者派而言的;在智者派那里,美德是作为某种技艺或知识可以传授的,智者就是以传授美德为业的。苏格拉底对智者派的驳斥,是从事物最圆满的状态、最高形态或"型相"上界定什么是美德,不同于美德的分类——即美德有哪些,所以苏格拉底讲的美德是一种整全的知识或灵魂的卓越,而非现代意义上的分化的知识。如果从这个意义上说,由于不知道什么是美德,所以美德不可教。

苏格拉底判断美德是否可教的第二个依据是是否有美德教师和学生,既然没有美德教师与学生,那么美德就是不可教的。美德既然是不可教的,那么它是否是天生的呢?苏格拉底回答说美德也不是天生的。因为一个人可以为善也可以为恶:如果人的心灵在智慧的指导下则是幸福的,如果在愚蠢的指导下则是相反的结局,所以人是否为善取决于智慧。比如,"勇敢"如果没有智慧的引导则会导致鲁莽;而

---

① 柏拉图:《普罗塔哥拉》,见《柏拉图对话七篇》,戴子钦译,辽宁教育出版社1998年版,第128—129页。

❖ 道德可教的涵义与方式 ❖

一些非心灵之物，如财富是否导致善也取决于智慧。因此，并没有天生的善人。苏格拉底进一步论证说，如果有天生的善人，就会有这方面的专家能够识别天生的善人，但事实上无法找到这方面的专家，否则就可以找出善人加以培养。美诺于是问道，美德既不是天生的也不是可教的，那么美德是从何而来的呢？苏格拉底说，美德只能是通过神的恩赐而来。所谓神的恩赐，表明美德的获得是偶然的。为什么这么说呢？我们可以从苏格拉底的一段话中得出这个结论。在美诺追问美德从何而来时，苏格拉底并没有马上直接给予答案，而是划分了正确行动的两个依据，一个是知识，另一个是正确的意见。由于美德不可教，知识也就无法成为正确行动之向导；正确的意见并不会经常有，也无法成为正确行动之向导。在此需要明白的是，《美诺》中的苏格拉底探讨"美德是否可教"是从知识上进行探讨的，而不是美德的践行问题，因此，在不知道美德是什么的情况下，美德自然就无法传授了。因此说美德知识的缺乏就无法成为正确行动之向导。正确的意见并不会经常有这句话表明，正确的意见偶然也是有的，在偶然情况下可以指导正确之行动。所以说，美德是可以偶然获得的。事实上，《理想国》中也表明美德是偶然获得的。

　　柏拉图的《美诺》探讨的结果是美德不可教，而《理想国》中似乎表明美德是可教的。那么这是不是相互矛盾呢？抑或存在着悖谬？看来是有的。一如美诺向苏格拉底提出的"美德从何而来"的问题，"美德"在概念上绝对是真实的，一个社会也必然存在美德，但是美德似乎又不可教，否则，通过教授美德是可以建立起一个美德的社会。古代政治、现代政治不都希望建立起这样一个社会吗？不同的是，古代政治与现代政治对"美德"的界定不同，或者说对美德的标准不同，由此引出的期望也不同。柏拉图的《理想国》充分展示了一个"言辞"的城邦实现的可能性或者说是偶然性，也即是人的德性的最高可能性；而现代性思想家则把德性降至最低，充分展示了一个"人人平等"的美好社会或生活得以实现的必然性。不管怎么说，美德可教或不可教的矛盾也许表达了人类社会的根本境遇，美德在概念上绝对是真实的，但在实践中又不可行——不仅哲人的美德在大众社会中不可行，而且就是现代性社会中的社会美德在实践中也是难以行得通的，因为事实上社会的运行或大众的行为规范并不依赖

第四章　道德可教的三重意蕴及其低效性存在

于美德；美德是有的，但要建立一个美德社会似乎又难以实现。柏拉图的《理想国》表达得很清楚，一个经过了多年教育的哲人能否培养出来是值得疑问的，能否培养出看到善的存在的哲人也不是必然的；即便培养出来了，哲人能否成为统治者或者统治者成为哲人也是靠运气。柏拉图和叙拉古统治者的友谊充分表明了这一点的艰难。由此观之，美德社会的建立要靠运气，美德的获得也是靠偶然，"美德可教"不是没有可能。

不过《理想国》中并没有直接表明美德是可以传授的，倒不如说，美德是可以学习的。《理想国》中音乐、几何、体育、辩证法课程并没有被认为是美德课程，而是说，在这些课程中青少年可以学习到美德。正如特雷安塔费勒斯所说，美德不可思议地可学（learnable），却并非必然明显地可教。我们能够获取美德，甚至似乎能够学习美德，然而却很难证明，我们彼此能够传授美德或教授美德。如果这样，我们就得培养这种笼罩学生周遭的自学的神秘氛围，而贬低教师的任何公认的贡献。[①] 当然，美德的学习完全是个体的一种实践体验，它是一种偶在的体验；虽然可以学习美德但并不表明必然能够学到美德。另外，美德的学习并没有专门的课程，因此它无法通过理性的课程设计获得完美的学习。

柏拉图当然知道，人人不可能都可以成为至善，但基于言辞中的城邦考虑，或者是基于哲学与政治之间冲突的考虑，他不得不散布高贵的谎言：人人可以达到至善。这大概不仅是哲人的处境，政治的处境也是如此。后来的基督教宣扬的"上帝面前人人平等"和现代性思想家标榜的"人人平等"都是柏拉图式的谎言的翻版。不同的是，柏拉图倒是更为真实一点，因为他至少承认人在自然上是不平等的。倒是尼采坦白得很，基督教的道德不过是奴隶道德，大众的平庸的社会哪有什么美德，更不用说通过教育可以获得，真正的美德只有强人美德。

美德为什么那么难教呢？柏拉图的《理想国》告诉我们，激情既是美德可教的障碍，又是其手段。所谓美德，就是人类本性中的兽

[①] 特雷安塔费勒斯："美德可教吗：政治哲学的悖论"，尚新建译，刘小枫编：《美德可教吗》，华夏出版社2005年版，第13页。

❖ __道德可教的涵义与方式__ ❖

性部分臣服于人性部分，或者更确切地说是臣服于本性中的神性部分，而丑恶就是人性中的温驯部分受到野性部分的奴役。① 所以，激情如果和理智结合就可以控制欲望，反之，激情和欲望结合就会控制理性。比如，野蛮的品质是从人们天性中的激情部分产生出来的，如果正确地约束就成为勇敢，如果不加约束就成为残暴和粗暴。又如，温顺是从人性中的爱智部分产生出来的，如果加以正确的训练就成为温和守序，如果过分放松就会变得软弱。② 所以苏格拉底说，音乐和体育是神赐予给人类的，它们服务于人的激情原则和爱智原则，用恰当的张力和松弛来调和这两个原则之间的关系，使之和谐。③ 但问题就在于激情不是那么容易驯服的。激情的生活才是人类经验中的生活。控制激情达到灵魂的正义或和谐对人类来说不仅是不容易的，也是相当痛苦的。正如阿狄曼图对苏格拉底所说的，完全正义的生活不一定幸福，而"貌似正义"才是现实，才是获得幸福的关键。④ 也许阿狄曼图代表了大众的意见，代表了经验中的生活。完全的理性生活在经验中也是不可能的。《美诺》告诉我们，"美德"在概念上是绝对真实的，在人类社会中也是有的，但在经验生活中必然不可能。如果说《美诺》还只是从知识上探讨美德的可能性，那么《理想国》则是要探讨美德教育的可能性。现代性的思想家如霍布斯、斯密、卢梭等，彻底改变了柏拉图的美德概念，也即颠覆理智控制激情为美德的说法，通过把美德建立在激情之上来探讨人的激情是否可以实现德性的社会。

通过柏拉图的哲学，我们可以对美德教育作出如下判断：①古典美德概念是指哲人的美德，亦即是对何为"好人"以及何为美好生活的追问的德性；这种德性体现为哲人既要关心"好人"的统治，因此要求有关切生活共同体的美好的更高的美德，又要有超越于政治权力之上的审慎的德性。而现代美德概念则主要是一种社会美德，比如，关爱他人、诚实等。②美德在柏拉图那里是指理智控制激情和欲

---

① 柏拉图：《理想国》，589d，王晓朝译。
② 柏拉图：《理想国》，410e，王晓朝译。
③ 柏拉图：《理想国》，412a，王晓朝译。
④ 柏拉图：《理想国》，365c，王晓朝译。

望的问题,是就知识论而言的,并没有涉及美德的实施问题。③"美德是否可教"的问题上存在着悖论,美德在概念上是绝对真实的,但在经验生活中必然不可能普遍获得。

1. 柏拉图的《理想国》试图表明,美德是可教的。当然,这是从美德是整体性的知识而言的,并且"教"也不是指传授之意。如果没有教育,道德美德则无法获得。但是,有了教育,道德美德的获得也只是偶然的,只有少数人可以获得。因此,道德美德的教育并不具有必然性,也就是说,这种教育在教师的选择上与课程的安排上并没有理性的安排。

2. 柏拉图的《美诺》表明,美德不可教。这是指美德不是知识,既没有美德教师,也没有美德课程,因此美德无法传授。

总之,美德需要通过教育才能获得,但是这种获得具有偶然性;美德社会能否建立完全依赖于教育,因而需要靠运气。

美德的偶然性获得需要通过教育,不过,究竟是何种教育需要分析。

1. 教育可以分为人对人的教育和事对人的教育。人对人的教育可以分为言语上的教育和行动上的教育,所谓言传身教。一句话,一个无意的行动都可能对人产生终身性的影响,这里面就包含有道德教育的内涵。事对人的教育也有这种类似之效果。既然美德的获得具有偶然性,那么这两种教育谁对美德教育更具作用便无法判定。

2. 教育可分为家庭教育和学校教育。这两种教育在柏拉图那里是统一的,但在现代已经分离了。我们无法判定谁在美德的获得中作用更大。只能说,美德的获得可能在家庭教育中,也可能在学校教育中,或者在两者中。

3. 立法和制度本身就是一种道德教育。柏拉图《法义》中的雅典人请教克里特人克利尼亚,为什么克里特要对公餐、体操和军事装备作出法律规定,克利尼亚对法律的解释是,美德的整体是所有立法的目标。霍布斯、洛克的政治制度设计,是基于对人性的深刻洞察,而只有符合人性的才是符合道德的,所以他们设计的政治制度尽管不同,但由于都获得了自身的道德哲学基础,因而对道德都具有教育作用。因此,社会美德的获得与立法和制度不可分。

美德可教在古典作品中需要一种隐微的说辞,这是因为美德是关

◆ 道德可教的涵义与方式 ◆

乎超越于社会之上的人性最高可能性的探寻，与大众之间存在冲突，因而需要有一种高贵的谎言。在现代社会中，已经没有古典德性，虽然现代教育也要区分对象，比如精英教育和大众教育，但无须要有隐微的说辞。

（二）现代性社会美德是否可教：现代性思想家的回答

现代性道德虽然不再保留古典德性的内涵，它把古典美德概念转换成社会美德概念，因此，现代性思想家在赋予美德新的内涵后也提出了"美德是否可教"的问题。

1. 美德可教吗——霍布斯与洛克的教诲。在柏拉图那里，血气既是美德教育的障碍，又是美德教育的手段。如果血气驯从于理智或者理智控制着灵魂的激情部分，则美德可以获得。现代性思想家霍布斯也是从人的血气或激情出发来思考政治问题，但与古典作家不同，霍布斯把道德的目标降至最低点，他认为基于人的激情而来的自我保存就是道德，道德就是一种世俗的而不是神圣的存在，人不必像苏格拉底那样过得如此的心灵疲惫，不需要用所谓的理智来控制激情；恰恰相反，霍布斯相信，人的理性是软弱无力的，因为人的欲望是无穷无尽的，因此，如果理性与人的内心最强烈的激情——恐惧——相结合，美德才最为可靠。

霍布斯正是从两个相互对立的关于人性的绝对肯定的假设出发，证明了自我保存的正当性，并在此基础上推导出了一系列的自然法则①，比如，放弃某些权利、信守契约、不忘恩负义、宽恕、不侮辱人等。这些自然法则也是公民义务、公民美德的基本原理。这标志着霍布斯的公民美德与古典德性的彻底决裂。公民美德或社会美德虽然也彰显人性的卓越，但已经不是从人性的最高可能性上去探讨了，即不是从超越于社会的角度讨论人性的最高自由和幸福，而是从现实政治社会下寻求公民的好榜样。所以，霍布斯的公民美德是在把人性拉回到现实的基础上，就人如何处理人与人之间的形式平等和权利尊严以及个体如何奉献共同体所提出的美德要求。其所说的美德，一部分

---

① 霍布斯：《论公民》，应星，冯克利译，贵州人民出版社2003年版，第2－3章。

第四章　道德可教的三重意蕴及其低效性存在

是基本的公民道德规范，另一部分是现代的品德或品性要求。霍布斯相信，基于自然法则建立起来的政治制度是最合乎人性的、自然的、道德的。那么，这些自然法则或公民美德何以能够为公民所获得呢？霍布斯认为，通过理性的启蒙是可以实现的。所谓理性的启蒙，主要是通过现代政治制度设计，即建立符合人性自然法则的政治制度以及通过自然法则精神的培育，使公民逐步走向成熟，即符合现代的理性生活规范。这种理性的规范生活就是公民美德的具体体现。

洛克继承了霍布斯的自然法则学说，但又比他更进一步——他把自然权利限定在基于人的自我保全基础上的生命、财产、自由的权利之上。由此，个人成为了道德世界的中心。古典德性论认为，人的至善在于美德；而洛克认为，人生并没有至善，只有"至恶"——即对死亡的恐惧，恰恰是至恶激发人的努力，恰恰是至恶或缺乏而不是美德产生了人的权利。可见，洛克追随霍布斯，把道德奠基在人性恶的基础上，把自然权利变成了基本的道德事实。与霍布斯一样，洛克同样相信现代意义上的美德可以经过启蒙理性得到。洛克所设计的权力分立和制约的政治制度，建立在以个人生命、财产、自由权利为核心的政治哲学基础之上，其本身就是一种政治教育和启蒙教育。

洛克的《教育漫话》还花了相当的篇幅专门讨论道德教育问题。不过，他对道德问题的讨论主要不是基于自然权利学说之上的现代社会美德，而主要是关于品性的教育，准确地说是关于绅士的品性教育，也就是涂尔干所说的"礼貌教育"。这是一件颇让人费解的事情。本来，他应当在其教育著作中专门讨论现代政治制度设计下的公民美德问题，正如霍布斯那样，比如权利平等基础上的道德尊重问题，或者某些道德规范问题。但他却专门讨论某些道德品性问题。或许，在洛克看来，道德规范或公民应具有的基本美德不应或不可能是通过专门的学校教育而获得的，而是通过启蒙理性，即政治制度的立法教化和理性精神的社会培育而获得。因此，他才可能在专门的教育著作中不讨论公民美德，而主要讨论品性。实际上，洛克在书中已经作了回答。其一，他写这本书是在与别人就男孩子教育问题的通信基础上整理而成；其二，他认为教育要及早，从小开始培养健康身体及良好德行，特别重视习惯的形成。从时代上看，洛克所处的时代正处于资产阶级上升阶段，重要的教育任务并非是成熟理性社会下的规范

❖ 道德可教的涵义与方式 ❖

教育问题，而是培养出资产阶级向外开拓的具有理性精神的德性、智慧、健康的绅士品格。绅士教育是其教育著作着重讨论的问题。

那么，洛克所说的品性真的可以通过教育获得吗？很难说。洛克在《教育漫话》中讲的德行原则是："一个人能抗拒自己的欲望，能够不顾自身的自然倾向而纯粹服从理性最好的指向，尽管与欲望背道而驰。"① 也就是要用理性克制得不到理性认同的欲望。洛克的《教育漫话》分为三部分，即身体教育、道德教育和知识技能教育，但通篇实际上只围绕一个主题，即理性的训练或理性习惯的养成。身体教育是基础，是健康心灵的基础，是形成良好品性习惯的过程，而不是为了身体而进行身体教育；学问和知识教育也是围绕和辅助道德教育的。这个原则基本上是从柏拉图那里借来的，不过是用启蒙理性代替了柏拉图讲的"理智"。洛克不满足于从知识论上谈论品德教育问题，重点谈了很多品德教育的方式方法。他讲的一些品德教育方法显然过于武断，缺乏实证科学所具有的普遍归纳的逻辑。比如，他谈到对勇敢德性的培养时，认为儿童从小就不能受到惊吓，不能对儿童讲一些恐惧的鬼怪故事，这里面显然包含一种逻辑：从小没有受到恐吓，长大就必然会勇敢。事实上，很多具有勇敢德性的人与从小受没有受到恐吓没有必然联系。也许通过特定的教育可以培养人的习性，但能否培养人的德性则值得怀疑。至今为止，人们还没有找到一套具有普遍意义上的德性教育方法。道理很简单，德性教育的对象是人，而人的性情各不相同，所以难以找到一种线路图式的德性教育方法。这一点也为洛克所承认，其在书中的结束语里主要谈的就是这一结论。其结论没有超越出亚里士多德的道德美德经由习惯养成的说法。

2. 美德可教吗——卢梭的教诲。在卢梭那里，美德是不可教的。因为在卢梭看来，人天生就有良心和美德。良心是有悖于理性的，但合乎道德。卢梭的一个重要观点是，激情可以产生美德。卢梭认为，人性是自爱的，是关乎自我保存的，但人在自爱中还有利他主义倾向，自爱与同情心和怜悯心并不矛盾。既然人天生就有美德，为什么卢梭还写了长篇大论来论述美德教育呢？

---

① 洛克：《教育漫话》，杨汉麟译，人民教育出版社2006年版，第29、34页。

第四章　道德可教的三重意蕴及其低效性存在

这与卢梭的人性概念有关。卢梭认为，在自然状态下，人出乎生存需要并遵循其需要的冲动是善的，不是恶的；人出乎其同情心而行事，是善的而不是恶的。但是，现存的政治制度和社会的种种腐败导致了人性的扭曲，使人丧失了美德。卢梭在《论科学与艺术》中表达了近代的科学进步和艺术的发展，即所谓的"文明"正是人类堕落的原因。自然是美好的，出自自然的人是生而自由和平等的，而所谓的"文明进步"破坏了这种自然的美好。他在《社会契约论》中说，人是生而自由的，但无往不在枷锁之中。正是所谓的社会进步破坏了人的这种自然的美好。他还在《爱弥尔》开篇中说，出自造物主之手的东西，都是好的，而一到了人的手里，就全变坏了。所以，卢梭的爱弥尔的教育不过是恢复自然的美好，恢复人在自然状态下本来具有的美德，而不是使人获得本来没有的美德。卢梭的美德教育计划就是通过重建政治社会和重建教育方案，为社会存在的合理性寻求辩护，为人回到社会中的自然状态寻求人道范围内的最大可能。那么，是否可以通过教育使人恢复自然之美德呢？透过《爱弥尔》，我们可以看到，这种美德教育似乎并没有获得成功，因为爱弥尔在教育阶段最后的婚姻破裂意味着美德教育流产了。婚姻关系表明一种社会关系和道德关系，表明爱弥尔不再是作为一个孤独的人和自然人而是作为一个担负起公共责任的社会人进入社会，因此，婚姻的流产意味着爱弥尔教育的失败。我们知道，《爱弥尔》第1-3卷中的爱弥尔教育基本上是按照自然模式进行的，只是到了第五卷才涉及最简单的婚姻关系，从一个自然人教育走向互为双方做准备的爱欲教育，在自私转化为自爱的伟大升华中承担起爱弥尔非常乐意承担的责任。但严格说来，爱弥尔的爱欲教育还只是在封闭的环境中进行的，没有经受过社会的检验。从《爱弥尔》第5卷看，爱弥尔确实在性爱教育中获得了精神上的升华，至此看，爱弥尔的教育应当说是成功的。但需要注意，《爱弥尔》的结尾部分有一个附录"爱弥尔和苏菲或孤独的人"，这个非常重要。正是在附录里，爱弥尔和苏菲从乡村走向城市，从单纯的世界走向复杂的世界，他们的关系没有经历起社会的考验：苏菲背叛了爱弥尔；这一点跟爱弥尔导师的隐退有一定关系，但最主要的是，社会的风气、恶习、他人行为的引诱以及虚伪的友情的

❖ 道德可教的涵义与方式 ❖

陷害①，即社会或文明的腐败使得爱弥尔和苏菲的关系土崩瓦解。对此爱弥尔试图去理解和谅解女人的背叛，试图活在他人的意见之外，重返自然四处游荡，最终在一个荒岛上与身为修女的苏菲重归于好。尽管如此，爱弥尔的教育还是失败的，因为他们终究没有走向大城市和社会。或许，他们逃避了腐败的大城市，获得了孤独的自由，但这不是卢梭所探索的社会中的自由。所以，社会的改造是需要的。只有在一个"公意"的社会中，爱弥尔的教育才有可能成功。也正是在一个公意的社会中，卢梭为我们展示出一个人性回归自然状态的最大可能。其实，卢梭安排的爱弥尔教育的结局在《爱弥尔》第一卷中就有对应或者说第一卷早就为故事的结局埋下了伏笔。卢梭说过，人的教育包括人对人的教育和事对人的教育，而由于这两种教育都无法按照我们理性的预期加以控制——我们既无法控制受教育对象周边的人，也无法控制事，因此，尽管爱弥尔的教育是单个教师对单个学生的教育，但结局仍然对美德可教提出了挑战。

卢梭的爱弥尔显然不仅仅是回到一个公意的社会，因为回到公意的社会只需要通过社会方案的设计就可以实现。如果仅仅是回到公意社会，爱弥尔的教育就不过是一般意义上的现代社会美德的教育，是一种大众的美德教育，但卢梭显然不满足于此。因为卢梭看到，一个公意的社会不过是集体平庸的社会，虽然也有人的普遍意义上的自由和幸福，但仍然不是最高意义上的自由和幸福。也就是说，卢梭还要为政治社会的合理性，即是否可以为人提供最高限度的自由寻求辩护。所以，卢梭希望通过爱弥尔的教育，回到社会可能的自然状态，寻求人本来所具有的美德。自然状态是卢梭描述的一种境地，它不同于霍布斯所说的自然状态。霍布斯所说的自然状态是指一种前社会的状态，在这种状态下人与人是一种相互战争的状态，为了结束这种状态，人们于是相互约定从而进入一种社会状态。而卢梭的自然状态说是指一种前政治社会状态，在政治社会之前人们处于一种原始社会状态，这种原始社会的主要结构是家庭。在这样一种自然状态下，人与人并不是处于相互战争的状态，但由于人类在这种状态下有种种生存上的障碍，而个人出于自存所能够运用的力量不足以克服种种的障

---

① 卢梭：《爱弥尔》，李平沤译，商务印书馆2003年版，第749页。

碍，于是人们也需要相互订立契约，转让自身的一切权利给集体，进入一种政治社会状态。但为了使这种政治社会不得损害个体自愿转让的权利，于是卢梭设想建立一种"公意"的社会，使得这种社会就像没有成立之前一样还能够保持个体的自由。这就是卢梭基于自然状态学说描述的政治社会的蓝图。为了实现它，卢梭如柏拉图一样，寄望于人的美德教育。卢梭的《爱弥尔》和《新爱洛伊斯》不过是《社会契约论》所表达的政治社会的教育准备。但卢梭的美德教育显然不同于柏拉图的美德教育。因为柏拉图的美德教育是哲学教育，是一种古典美德的教育，而卢梭的美德教育是"自然人"的教育，一种现代社会可能提供的最大程度的自然人美德教育。由于卢梭用相互承认代替了实质内容的古典德性，因而卢梭的美德社会实际上是一个"大众"的社会，美德教育也不过是一种政治社会中的自然人的美德教育而不是古典德性教育。但就是这种美德教育也无法获得成功，而不管它仅仅是回到"公意"社会或回到政治社会下的自然状态。

3. 美德可教吗——尼采的教诲。在尼采那里，道德美德是属于超人或强者的，基督教道德和奴隶道德是为尼采所反对的。在尼采的眼里，基督教道德和奴隶道德并不是真正地赞扬高贵的德性，而是出于对强者和高贵者的怨恨和仇恨。由于对力量、生命以及自我肯定的怨恨，所以基督教道德和奴隶道德高扬了软弱、谦卑、同情等德性。尼采对西方现代性的批判，一个重要方面就在于他相信西方现代性已经陷入危机：西方人已经不知道何为好坏与对错，陷入价值虚无主义。其原因就在于西方现代性用奴隶道德和基督教道德代替了强者道德或超人道德。奴隶执政，也就是一群没有经过良好教育的大众当道，或者如柏拉图所说的"废铜烂铁"执政，必然导致美德岌岌可危。尼采认为，"善"这个词最早的运用并不是在与功利主义所作的利己/利他相区分的意义上使用的，而是在与那些卑劣的、庸俗的、平庸的东西相对照的意义上使用的，它表示一种高贵、强大、精神上的高尚。

卢梭和康德用普遍的承认代替了任何实质内容的德性概念，在他们那里，普遍的人在行动上只要符合形式上的合理性，就可以作出善与恶的道德判断。而尼采则要问，我们是否有权利依据普遍的道德来作出道德上的判断。尼采的意思是说，作为一种精神上高贵的"善"

❖ **道德可教的涵义与方式** ❖

应该属于强者和高贵者，而不是属于大众。

那么，一种强者的美德是否可以通过教育获得呢？尼采的查拉图斯特拉30岁的时候上山，在山上过了10年的独居生活，至40岁时自觉很充实，于是下山，要走到大众中去传授他的超人哲学。他来到森林边的一个市镇，遇上一群正准备观看走钢丝表演的观众，于是他开始向他们讲授超人哲学，但群众并不理解他的话。群众代表了现代性的大众，意味着平庸与卑微，查拉图斯特拉希望通过向他们讲授超人哲学，使他们获得生命的超越，走向高贵。但这一计划显然失败了。于是，查拉图斯特拉只好缩小受教育者对象的范围，来到了花斑牛镇对他的弟子们传授种种说教，但也没有获得成功。无奈，查拉图斯特拉只好重新返回到山上，过上孤独的生活，但在梦中梦见他的说教在山下人世间遭到歪曲，于是第二次下山，要去拯救他的弟子们。查拉图斯特拉前往幸福岛说教，对各种类型的现代人进行了批判——批判现代性的低微、对生命的漠视。此时，在查拉图斯特拉的心里有一种针对现代性危机的"永恒轮回"的思想日渐成熟，但查拉图斯特拉感觉还不能够对他的弟子们说出，于是他离开了幸福岛，登船准备回到山上。在船上，查拉图斯特拉与一群侏儒在一起，起先他一言不发，悲伤极了，后来实在憋不住了，开始对侏儒讲起"永恒轮回"的预感。登上陆地后，查拉图斯特拉又开始对现代性进行了批判。随后回到山上的洞中。在山上的一天，查拉图斯特拉遇到了一群人，包括两位君王以及学究、魔术师、老教皇、极丑的人、自愿的乞丐、自称是他的影子的追随者，查拉图斯特拉感觉这些人都不是他的同道。在山上呆了一段时间，查拉图斯特拉克服了同情和厌世，第三次准备下山。从整部《查拉图斯特拉如是说》来看，查拉图斯特拉的传教似乎并没有获得成功。也就是说，他的超人的美德、"永恒轮回"思想中所表示的对生命美好的称赞的学说都没有在大众和他的弟子及朋友之中获得。查拉图斯特拉的教育失败了。

尼采虽然反对柏拉图主义（也有反柏拉图的地方），但尼采同样追随了柏拉图的问题，即哲人或者哲学如何处理好与人民的关系。哲学思考什么并不重要，柏拉图探讨"何为美好生活"，尼采探讨权力意志，这都涉及到哲学与人民的关系。在柏拉图那里，哲学需要与权力结盟，但又需要与权力保持适当的距离；哲人既不能完全脱离大

第四章 道德可教的三重意蕴及其低效性存在

众——如果完全按照哲人自身的方式生存必定会为大众意见和信仰所"杀",毕竟"真理"与大众信仰之间是相互冲突的,大众不需要也要不得真理,因为真理在大众中赤裸裸地被揭示,必然会引起社会混乱,又不能一味地迎合大众,否则就要失去自身的"求真意志"。基于哲学与大众或者哲学与政治之间的冲突的考虑,柏拉图的《理想国》探讨了哲学生活(美好生活)得以实现的最高可能性,即实现哲人王的统治。只有在这种可能性下,哲学生活或美好生活,也即对"什么是美好生活"的追问的生活方式才得以实现,从而美德才得以获得。如果"废铜烂铁"当道,则美德社会岌岌可危。在尼采那里,现代性就是一个资质平庸的社会,是一个"矮子"或"末人"当道的社会,他们用自己的"奴隶道德"颠覆了高贵的德性,导致了一个无所谓好与坏的低劣的社会,也是一个价值虚无的时代。尼采认为,拯救现代性需要一个高贵品质的超人去创造新的价值。但是他的超人学说及其教育事业无法教给大众,美德社会同样岌岌可危。

综上所述,我们可以看到,古典思想家柏拉图所说的"美德"在最高意义上是指一种哲人德性,即超越于社会的人性最高可能性或最大自由和幸福,美德教育只有哲人才能获得。而现代性思想家所讲的"美德"已经不再具有古典意义,因为现代性思想家把根本的道德事实奠定在权利之上,用相互承认代替了任何实质内容的德性,放弃了何为美好、何为对错的追问。霍布斯和洛克所说的美德已经是一种社会美德,或者说是一种现代社会所需要的公民美德。他们都相信通过政治制度的设计和理性的启蒙教育,可以实现社会美德的教育任务。而洛克结合其时代需要,主要讨论了资产阶级上升阶段一个绅士应具备的良好德性教育。卢梭所讲的美德不完全是一种现代社会美德,他看到了现代性方案的问题,试图重建一个公意社会,并探寻公意社会下可能给人提供的最大可能性的自由和幸福,同时通过教育希望找到和恢复社会的自然状态所本来具有的美德。但这种美德仍然不是哲人美德,而是政治社会中的人性最高可能性。这一点与柏拉图超越社会寻求人性最高可能性的德性教育不同。尽管如此,现代性的社会美德是否可教仍然是要区分对象的。

二、道德品性可教：习惯养成性

美德是古典德性论的重要范畴。通过对柏拉图相关著作的考察，我们认为美德是不可教的，无论就是知识还是实践生成而言，它的获得是少数人的偶然的获得。现代性把根本的道德事实变成了一种权利，把柏拉图的美德变成为社会美德或公民美德。事实上，从亚里士多德那里开始，美德就转换成社会美德。亚里士多德对德性的两种划分实际上已经抛弃了柏拉图的德性论，不再探寻洞穴之外的幸福问题，而是探寻政治内的幸福问题，或道德的实践问题。亚里士多德所说的道德德性实际上就是道德品性。那么，道德品性或道德德性可教吗？

（一）亚里士多德的道德品性教育

亚里士多德把德性分为理智德性和伦理德性（或称道德德性）。智慧和明智属于理智德性，而勇敢、节制、大度、慷慨、谦恭等属于伦理德性。在亚里士多德看来，理智德性是经由教导而生成、培养起来的，而伦理德性则是经由风俗习惯而来的，因此，德性既非出乎本性而生成，也非反乎本性而生成，而是自然而然地接受它们，通过习惯而达到完满。① 这句话包含三层意思：② 首先，自然赋予我们接受德性的能力，而这种能力通过习惯而完善。其次，伦理德性都是通过在实践中或做事中获得的。比如，我们通过造房子而成为建筑师，通过弹奏竖琴而成为琴手；同样，我们通过做公正的事而成为公正的人，通过做勇敢的事而成为勇敢的人。最后，德性因何原因和手段而养成，也因何原因和手段而毁丧。好的活动就会养成好的德性，坏的活动就会养成坏的品质。

看来，亚里士多德把柏拉图的德性从知识论的层面拉回到现实活

---

① 亚里士多德：《尼各马科伦理学》，苗力田译，中国人民大学出版社2003年版，1103a15-25。

② 亚里士多德：《尼各马可伦理学》，廖申白译，商务印书馆2003年版，1103a25-1103b25。

第四章　道德可教的三重意蕴及其低效性存在

动之中，在他看来，德性仅仅被人从理论上掌握还不能成其为德性，而必须经由实践才能做出好的行为和养成好的品质。为什么？亚里士多德认为，理性在使人获得德性上无能为力，它可能使生性道德优越的人获得一种对于德性的意识，但却无力使多数人去追求高尚与善。因为多数人只凭感情生活，趋利避恶；因为多数人只知恐惧而不顾及荣誉，他们不去做坏事不是出乎羞耻，而是出乎惧怕惩罚。①

既然理性只可能使人获得关于德性的意识，而无法指导人们获得德性的行为，而感情和欲望也无能力指导人们获得德性的行为或品质，那么，如何获得人的伦理德性呢？德性的获得大致上有三种途径：本性、学习、习惯。亚里士多德认为，凡是本性使然的东西是非人力所及的，而理性与教育也似乎不是对所有人有效，唯有通过习惯养成人的德性。这种习惯就是指通过立法培养起来的习惯，因为多数人服从的是法律而不是理性，接受的是惩罚而不是高尚的事物。②

亚里士多德的经由立法形成强制而培养起人们道德习惯的说法似乎很有道理，因为这种分析是建立在人性分析的基础上。这种分析表明，人的理性或教育似乎对培养多数人的道德品性及行为缺乏有效性，人的感情和欲望唯有通过一种立法形成的强制才得以调控，进而可以形成一种德性的习惯和行为。然而，是否可以经由立法养成人的德性是非常值得怀疑的，因为亚里士多德的人性认识与德性之间似乎并没有正相关关系。人的感情自然是趋利避害的，趋于快乐而避免痛苦的；人的欲望是对死亡的恐惧，对惩罚的惧怕，因此，人的这种感情和欲望的本性无法从根本上得以克服，这是亚里士多德所承认的。那么，立法（或好的政体）的作用不过是"以恶制恶"，何以能够从根本上引导人向善呢？如果说立法的强制可以引导人的向善，那只可能是一种情况，即通过立法建立奖惩制度，彰显善的行为，抑制恶的行为。但是在这种情况下，道德的行善不是真正的行善，因为真正的道德在于自由自觉的选择，而不是被迫下的行善。并且，包含有对道德行为奖惩的立法必定不是好的立法，也必定得不到人们自觉的遵

---

① 亚里士多德：《尼各马可伦理学》，廖申白译，商务印书馆2003年版，1179b0-15。

② 同上书，1180a5。

◆ 道德可教的涵义与方式 ◆

守，因为人们被迫行善也是一种心灵的痛苦和疲惫，而不去作恶才是一种可以去过的生活。因此，立法从根本上并没有能力引导人们向善，而只能是阻止人们去作恶。如果经由科学的立法，可以引导人们向善，那么美德大概就可以教了。柏拉图所说的立法要朝向整体的美德以及亚里士多德所说的立法向善，并不能真正建立起对行善的奖励制度。所以，经由立法培养德性并不那么可靠。

（二）道德品性可以培养的具体内涵

所谓品性，或者是经由神性而来，或者是经由习惯而来。人的道德品性大体上说是经由习惯而来。人总是在社会中成长起来的，其道德品性也必然是在社会中培养起来的。但是，品性的养成并不是一个一次性的过程，因为品性既然依赖于风俗习惯，就必然随着风俗习惯的变化而变化。因此，品性的养成并没有一个既定的时间表，即是一个伴随人的一生的养成过程。为此需要注意的是，培养是一个过程，是一个未完成的概念。习惯对于个体及社会都有非常重要的意义。

首先，人是依赖于环境而生存的，环境造就人。一定的环境造就相应的品性（包括道德品性）。就自然环境而言，炎热地带与高寒地区的人们往往形成有明显差异的习性，平原地带与高山地带的人们在习性上也存在较为明显的差异。这种区分是从大体上看的。自然环境恶劣与条件较好对人们的习性，包括道德习性都有一定的影响。自然环境对政体的影响在亚里士多德和孟德斯鸠的政治学说中都有很重要的论述，虽然影响政体的因素有很多，但不能说自然环境对政体就没有一定的影响，有时甚至有较大的影响。自然环境对政体的影响在一定程度上塑造了人们的品性。就社会环境而言，它对人们道德品性的塑造作用就更大了。在艰苦卓绝的环境下，人们往往养成了坚忍不拔之类的品格，而养尊处优的条件往往容易使人腐化堕落。一些人道德上的腐化与自身环境的变化是有重要关联的。

其次，人总是要依赖于习惯而生存的。就个体而言，人在心理上都有一种对相对稳定的知识系统的预期。尤其是在一切都瞬息万变的世界中，人们只有依赖于一个可以预期的知识系统才能获得生存，如果一切都无法预期，人们就会变得极度恐慌不安。这种相对稳定的知识系统对个体而言就是一种习惯。在日常生活中，人会因为理性作出

第四章 道德可教的三重意蕴及其低效性存在

一些新的安排，但这种理性上的谋划仍然是以习惯为前提的。就社会而言，风俗习惯是人们精神的文化保护层。人们正是在社会的风俗习惯中处理人与人之间的关系，社会也正是在风俗习惯中才得以有序运转。尼采之所以批评苏格拉底老是用真理去捅破大众的道德习惯，就是因为他看到了风俗习惯对大众生活的保护作用。总之，习惯是个体固有的一种心理倾向，也是个体的心理依赖；习惯和风俗是一个社会有序运转的条件和文化保护层。

显然，并不是所有的习惯都是道德习惯。只有真正具有道德意义的习惯才能称之为道德习惯。非道德的习惯和道德习惯在养成上是有差异的。通常而言，非道德的习惯（比如社会的风俗和个体的生活习惯）既可能是在一定的社会与文化背景下的自发的或自觉的选择而养成的，也可能是在被迫的情况下养成的；而道德习惯在更多的情况下是被迫而养成的，因而在养成上难度更大。这是因为非道德的习惯有诸多并不涉及好与坏的问题，因此往往是个体自觉的选择；同时，道德的习惯与非道德的习惯在都是被迫养成的情况下，道德的习惯比非道德的习惯有着更高的要求。其中，有一些道德品性对人性的要求甚高。因此，是否是所有的道德品性都可以经由习惯而养成的就颇成问题。

亚里士多德所说的经由习惯培养人们的德性品质和行为就不同的德性而言，效力是不同的。换言之，有些德性大体可以经由习惯培养起来，有些则似乎很难。比如，勇敢作为一种德性很难说是通过习惯养成的，因为勇敢与否与人的血气密切相关。人的血气可以通过调控防止走向粗暴或粗野，但怯懦则很难通过鼓励走向勇敢。而且，勇敢品性与人的利益获得也没有很大关联，二者之间也没有相关的激励机制。正义与勇敢相类似，也是一种血气的行为，难以通过习惯养成。大度、大方或慷慨也很难通过习惯养成，因为这些品性都涉及到如何看待自身利益、财富或自我与他人的关系。节制似乎可以通过习惯养成，因为节制涉及到自身利益，放纵则可能损害身体；并且放纵需要有一定的条件。尤其是，节制是一种否定意义上的德性，所以可以经由习惯养成。

就具体道德德性而言，我们大体上可作出两种划分：①勇敢、正义、大方、大度或慷慨都要求看淡自身利益，因而它们属于由外观者

道德可教的涵义与方式

对主体的要求，与自身利益或欲望有较大冲突，因而它们属于不符合人的情感与欲望的德性。节制则与自身利益关系较大，是主体的一种自我的要求。②前者是一种肯定意义上的德性，后者是一种否定意义上的德性。为什么这么说呢？我们首先看看，"勇敢"的不及可以是怯懦，也可以是不勇敢；"大方"的不及可以是小气，也可以是既不大方也不小气。所以，由怯懦走向勇敢是一种肯定意义上的要求，即要求他人去作为，而不是不作为；而节制则是针对放纵行为的不作为，所以它是一种否定意义上的德性。由此可以得出一个结论，凡是属于前者的道德德性大体上很难通过习惯培养而成，凡是属于后者的德性则大体可由习惯培养而成。但是这种习惯的养成需要终人的一生，或者说需要相同的道德环境。

有一些道德品性，比如坚强、吃苦耐劳，相对于人性而言也是一种肯定意义上的德性，但是在特定的环境下通过习惯似乎是可以养成的，然而这种养成一定是在特定的环境下，如果脱离了特定的环境，这些品性的养成一样是不可靠的。换个角度看，不脆弱、不怕苦倒是可以经由习惯养成。

有一些道德品性，比如忠诚、诚实，既不能说是合乎人性的，也无法说是反乎人性的，更多的是一种情感的东西，故而很难经由培养而成。

（三）道德品性养成的困境

道德品性难以经由道德说教而养成，而是经由习惯而养成。那么，道德习惯的作用机制是什么呢？在亚里士多德那里，主要是立法机制。亚里士多德希望通过立法朝向美德，通过立法的奖励机制，培养人们的美好德性品质。但这种进路可靠吗？道德奖励制度对于大众而言难道不是一种主动施加的精神压力吗？这种机制下的道德行为当然不是行为主体自愿自觉的选择，对于康德来说，它并不具有真正的道德价值。

从更宽泛的意义上讲，立法机制包括立法、法律、政体、制度及文化。确实，一个人的道德品性的养成无法逃离这样的背景。但是，这种机制采取何种进路对于道德品性养成的作用或功效显然不同。如果采取肯定性的进路，旨在通过奖励促进人们良好道德品性的形成，

第四章　道德可教的三重意蕴及其低效性存在

那么，这种机制与道德说教在进路上如出一辙。它们的最根本的困境在于，在道德品性养成上都直接对准了人性善，而不是经由人性恶从而走向人性善；都直接走向良好的道德品性而没有经由不坏的道德品性再走向更好。

当然，道德说教对于道德品性的养成也不是没有作用。理由在于，一是道德说教或劝服能够为被教育者在改进自身的道德品性时提供外部的精神支持。至少它会给行为者在做出不道德行为时提供一种道德意识上的阻力或警醒。二是青少年，特别是少年儿童对德性上的表扬或认同有一种精神上的需求。换言之，少年儿童需要通过某种德性行为来获得外界的（通常是来自家长和老师的）表扬和认同。当少年儿童做出某种道德行为时获得了嘉奖，也就获得了进一步做出道德行为的动力。所以，在学校道德教育中的表扬（通常是口头上的）就成为了一种奖励机制，给少年儿童提供了一种精神上的动力。这种奖励机制只要运用得当，只要能够持续地发挥作用，就可以给少年儿童提供德性品性养成上的习惯。三是学校道德教育在人的品性养成上虽然很难培养起学生的肯定意义上的德性，但至少可以抑制或减少学生的恶的行为习惯的产生。比如，学校无法培养学生的吃苦耐劳精神，但可以培养起不怕苦的品性；无法培养起坚强的品性，但可以培养起不脆弱的品性；无法培养起诚实的品性，但可以降低说谎的几率。

但道德说教在品性养成上有更大的困境。

1. 在道德品性教育上，道德说教可能会成为一种虚伪的说教。这种情况是，当教育者劝导学生道德向善或不要为恶时，自身无法做到向善；社会上多数人无法做到向善，或者说一种道德上的善并没有成为社会的风尚；学生个体并不愿过一种教育者倡导的道德生活或拥有相应的道德品性。这三种情况其实是一个意思，即道德教育背离人性之时必然成为虚伪的说教。从人性上说，人并不愿意过一种真正道德的生活，人之所以过上了一种道德（合乎道德规范）的生活，完全是出乎人的现实利益的需要，这一点我们在论述道德的起源时已经

◈ __道德可教的涵义与方式__ ◈

讲过。① 因此，人的道德生活并非是人的自觉的选择，而是社会不规则发展的结果。人过上了一种合乎道德规范的生活，当然需要以人具有一种善的倾向为前提，但它并不表明人的"善端"导致人对道德的选择，而是表明人所过的道德规范生活是一种可以过的生活。人在现实中需要有一种道德规范的生活，显然是合乎人（社会人）的利益，然而这并不表明大多数人愿意过一种具备良好德性的生活，也即是，大多数人并不愿意朝着所谓的道德品性迈进，说得通俗点就是，大多数人只想做俗人而不愿意当圣人。道理很简单，当圣人很苦很累。所以，大多数人并不会依照德性或以修得什么样的道德品性为标准来审视自身的生活，所谓善与恶的概念多半是伦理学家之类的人所发明的。多数人追求的是一种好生活（是否快乐、健康、富裕等）而不是什么善的生活。

善的生活或德性的生活不仅很累很苦，而且对人也没有什么实际利益上的好处，于人的幸福也没有什么好处；相反，追求自身的私利或好处往往能给人带来幸福或快乐。旧约《约伯记》中约伯困惑不解地向上帝探求的就是正直善良之人何以受难、恶人何以得福的问

---

① 对于人为什么过上有道德的生活，可以从古典派和现代性思想家的观点来看。参见施特劳斯《自然权利与历史》，彭刚译，三联书店2003年版，第四章。古典派认为，人天生就是政治动物和社会动物，人性就是社会性。由于人天生就是社会性的，爱、亲密、友谊与对自身利益的关切或自我保全都是自然的，因此他完满的天性就包括了最卓越的社会品德——正义。在古典派看来，符合自然的而不是习俗的生活才是正确的。因此，自然正确的就是品性卓越之人为大众立法的生活。由此看来，古典派对人性的看法既有人性善也有人性恶，它是从人的自然资质的等级上看的，而只有符合自然秩序的生活才是正确的。所以，道德应是品性卓越之人在灵魂上的攀升。现代性思想家如霍布斯认为，人天生可能是反社会的，人在进入政治社会之前处于一个自然状态——即人对人的战争状态，而为了结束这种战争状态人才走入社会生活。在社会中，由于人最大的激情在于对暴死的恐惧，以及人性的虚荣自负，人的自我保全就成为最根本的道德事实。道德成为基于人们同意或承认的某种权利，而不是人性的卓越或高尚。本文愿意接受古典派的人的社会性本性之说，又接受大多数人的人性恶之说，认为人必然要过上合乎道德规范的生活，但不必然过上德性的生活。因此，道德教育应该基于人性恶的考虑，应着眼于合乎道德规范生活的教育。然而，这种说法不应成为显白的理论。

第四章　道德可教的三重意蕴及其低效性存在

题。在《理想国》中，对于什么是正义，色勒叙马霍斯坚持说，正义就是强者的利益，而苏格拉底竭力批驳这一观点。柏拉图在此借戏剧对话的形式安排哲人与政治家（代表大众的意见）就何为正义和德性展开讨论，不过是想表明，柏拉图一方面借苏格拉底之口极力鼓吹"至善"、"灵魂不朽"以及"德性即是幸福"；另一方面柏拉图又借阿德曼托斯、格劳孔、色勒叙马霍斯之口表达了大众的意见，即任何人都不愿意发乎本性地去追求什么正义或德性，而是不择手段地追求自己的好处，因为正义或德性并不能给人带来幸福，而不正义却得到好处或幸福。① 柏拉图借格劳孔之口道出了大众的心声——正义是一件苦事，人们是害怕的，是想极力回避的。② 在这里面显然存在两种声音，一为哲人的，一为大众的，并且这两种声音是相互冲突的。那么，柏拉图为什么不直接把自己想说的话说出来呢？他为什么要借他人之口呢？难道有什么难言之隐？他的微言大义是什么呢？

施特劳斯对柏拉图著作的解释给我们道出了其中的奥妙。施特劳斯认为，柏拉图的对话里有两种说教，一为显白的说教，一为隐微的说教。③ 所谓显白的说教，是哲人为了自身处境的考虑不得不说出的"谎言"；所谓隐微的说教才是隐藏起来的微言大义或"真理"。"德性即幸福"之类的就是显白的说教或谎言，而不正义却能得到幸福或好处才是隐藏起来的"真理"。柏拉图之所以要把自身隐藏起来，耍弄隐身术，实属不得已而为之，因为"真理"是说不得的，不可直接道出，所以就编造了一套诸如"灵魂至善"之类的"谎言"。尼采相当熟悉古希腊语文学作品，也深谙柏拉图的写作技艺，也非常擅长于借他人之口说话。查拉图斯特拉深知"真理"是说不得的，有一次在船上同一群侏儒在一起实在憋得慌——因为真话不吐出来很难受，差一点就给侏儒们讲起"永恒轮回"的"真理"，后来好些日子

---

① 柏拉图：《理想国》，338c - 367e，郭斌和、张竹明译文。
② 同上书，358a。
③ 施特劳斯："写作与迫害的技艺"（节选），见贺照田主编《西方现代性的曲折与展开》（学术思想评论第六辑），吉林人民出版社2002年版。另见阿尔法拉比《柏拉图的哲学》，程志敏译，华东师范大学出版社2006年版，第56页。

❖ **道德可教的涵义与方式** ❖

恐慌得很。在《论真理感》的开篇，尼采向我们表明，人其实是生活在一个不断地自我欺骗或自我编织的谎言中，并且固执地相信他自己所认识到的就是绝对的真理。① 因此，生命需要谎言，而"真理"则危害生命。② 在谎言与真理的关系上，尼采必然要反对苏格拉底，因为苏格拉底总是存在纯粹的知识冲动，企图捅破大众的信仰或偏见；但另一方面，尼采又反对苏格拉底和柏拉图迎合大众偏见，丧失了哲人的求真意志。后来，尼采通过查拉图斯特拉之口表明，真理就是权力意志的永恒轮回。即是说，真理并不危害生命。因此，尼采放弃了哲人的谎言，但又是借查拉图斯特拉之口隐微地说出了真理。但尼采这样的一种手法并没有解决好哲学与大众之间的紧张关系，因为很显然的是，尼采想说出来的真理只针对少数人而不是大众，查拉图斯特拉由教育他人转向自我教育就是证明。在这一点上，我更愿意相信施特劳斯的解救路径，即保持哲学与大众和政治之间或理性与启示之间适当的张力。

如果"真理"是有害的，那么，诸如不正义就可以获得好处或幸福而德性并不能带来什么好处这种话就不能直接讲出来。因此，虽然多数人并不愿意过有德性的生活，虽然道德说教可能是虚伪的说教，但是，道德说教又不得不说。看来，还是需要进行道德说教的，问题是，如何在不捅破"真理"的前提下改进道德教育的有效性。下面将继续分析学校道德品性教育的问题。

2. 学校道德奖励机制确实对学生的道德品性养成提供动力。但问题是，这种道德上的奖励机制并不能持续地发挥作用，因为道德奖励既可以给学生带来精神上的动力，也可以给学生带来精神上的压力——学生将会为了获得更多的奖励或保持被奖励而被动地做出道德行为。尤其是，当社会上并没有存在一种明显的道德奖励机制③之

---

① 尼采：《哲学与真理：尼采1872—1976年笔记选》，田立年译，上海社会科学出版社1993年版，第5页。
② 这是尼采的早期观点。
③ 道德奖励机制并不是指某种物质奖励制度或一些制度化的奖励，而是指某种道德品性或行为能够被社会给予崇高的欣赏或评价，而不是淡漠或不以为然，更不是冷嘲热讽或鄙视。社会上缺乏的还可能有道德惩戒机制。所谓道德惩戒机制是指社会对某些不道德行为或不良品性给予舆论上的批评力。

时，这种社会与学校在道德奖励机制上的断裂，显然大大地降低了学校道德教育的效力，甚至使学校道德教育的说教成为一种虚伪的说教。这无疑是学校道德教育最大的困境。

这种困境还表现为，学校道德教育的环境与社会环境的分离。诸如坚强、吃苦耐劳之类的道德品性需要有特定的环境，如果学校塑造的道德环境与社会道德环境不一致，这些品性即便在学校养成了也会在社会中丧失。所以学校道德品性教育是有局限性的。我们从经验中不难看到，有些人在学生时代可谓勤劳、能吃苦，但后来随着环境的改变更乐于享受。从历史上看，在艰苦卓绝的革命战争年代，我党我军形成了很多优良传统，形成了很多良好的道德品质，比如坚忍不拔、艰苦奋斗、吃苦耐劳、不怕苦不怕死等；从更远的历史看，中国人民在长期的生活中形成了勤劳勇敢、谦虚谨慎等传统美德。这些都是特定历史特定环境的产物。不可否认，有一些道德品性如谦虚谨慎确实经过长期的积淀成为我们民族的精神气质，但很多的品性在环境改变面前已经不存在。在当代中国道德建设中，很多人提出整理传统中国的道德资源，赋予传统美德或革命美德以新时代的内涵和精神，这当然是有意义的事情。那些是我们中国人所特有的道德气质，也是需要进一步发扬的，这个问题的解决可以促进我们的道德建设。但是，我们更需要的是改变道德教育的思路。

三、道德规范可教：经验建构性[①]

"规范"总是某种普遍性的东西，它总是发出"应该如何"的命令，而道德情境总是具体的、偶然的，那么个体何以能够遵守某种普遍性的规范？普遍性的规范总是无法解释各种具体的情境。道德的生成总是与具体事物相联系的、变动的、经验的实践。人们在具体道德情境下，完全可以作出多种选择，而不是唯一的选择。"应该如何"是一种规劝性质的教导，总是站在自身的立场和自身的理解去要求他人，它为"应该如何"找到的依据可能有很多，但那些依据无法解

---

① 参见潘希武"道德的经验建构及其教育难题"，载《教育学术月刊》，2012年第11期。此处略有修订。

道德可教的涵义与方式

释所有的场景。

从道德教育方式方法上看,我们经常把道德教育作为一项事业来进行理性的规划,而几乎没有认真地审视道德建构的经验性。道德需要说教,但更多的是人的自我和主体间建构,而这种自我和主体间的建构不是靠道德的理性思辨或推理,甚至也不主要靠个体的道德判断或道德理性的认识,而是靠经验的建构,特别是身体经验的建构。

(一)"经验"的哲学解释及其内涵

从一般的意义上讲,经验是相对于理性的玄思和推理而言的,强调形而下的个体的实践。因此,经验往往意味着变动的、流失的和不可靠的。对于形而上的传统而言,哲学家总是要为世界和生活寻找到某种终极的、可以信靠的绝对来源。柏拉图开启了理念论的先河,认为"相"才是终极的和稳定可靠的,而具体事物则是流失的和不稳定的。也正是在这个意义上,康德把经验的、情感的、偶然性的和个体体验式的东西排除在真正的道德之外,在康德看来,这些因素都不能标识真正的道德价值,真正的道德价值应当是纯粹的实践理性。

形而上的追求是哲学的根本特性。从柏拉图到康德,都没有完成为世界寻找终极性的、绝对的客观知识的任务,因为先验理性主义仍然存在主客二分,仍然没有解决现象与实在的分裂问题。现象学运动也无非是要解决这个问题,即以"面向事物本身"为宗旨,以经验或体验"重临物、真、善的构建时刻"[①]——通过回归活生生的现实世界构建全部的世界,从而实现现象与本质的统一,即现象就是本质。应当说,经验是现象学以至整个西方现代哲学的一个非常重要的概念。有学者认为,西方经验主义经历了三种形态,从而实现了"彻底的经验主义"[②]。从三种形态中,我们可以看出哲学赋予经验以不同的内涵和意义。

经验主义的第一种形态,即17世纪的英国经验论哲学。洛克提

---

① 梅洛-庞蒂:《知觉的首要地位及其哲学结论》,王东亮译,三联书店2002年版,第31页。

② 张再林,燕连福:"从经验到体验:现代西方哲学的彻底经验主义走向",载《江海学刊》,2010年第2期。

第四章 道德可教的三重意蕴及其低效性存在

出的全部知识建立在经验之中和贝克莱提出的存在就是被感知,都表达了西方近代哲学对经验的诉求。但经验论中的"经验"概念是一种朴素的感觉经验,即受到外界刺激而产生的心理反应。经验主义的第二种形态,即英法实证主义哲学。实证主义也反对超验的思辨,认为只有经过经验证实的知识才是有意义的知识和科学的知识。另一方面,现代欧陆人本主义哲学也实现自身的"经验"转向。胡塞尔现象学提出的"面向事物本身"就是要以直观经验代替抽象的理智作为更根本和更可靠的认识世界的方式,而要回到直观经验,就要通过现象学还原的方式剔除掉先验的理性认识,从而达到对世界的纯粹客观的评价。海德格尔现象学通过诉诸直接的心理体验走向对世界的具体此在的直接体认。经验主义的第三种形态,即狄尔泰的"生命体验"和梅洛-庞蒂的"身体的体验"哲学。狄尔泰的体验概念是对经验概念的重大发展,他把经验对世界的被动的和冷漠的主客体关系拉回到活生生的现实世界,在他那里,生命和世界都不再是单纯的主体或客体关系,而是融为一体,世界因为体验才存在和显现出来,因此,正是通过主体间的生命体验才发现和把握此在的世界。但是狄尔泰的生命体验还是一种单纯的生命活动的体验,并且还非常模糊。而梅洛-庞蒂现象学则既有胡塞尔现象学中对生命和世界的直观体验,也有狄尔泰体验哲学对生命和世界的当下体验,而且更重要的是,梅洛-庞蒂强调身体性的行为、知觉以及"看"与"触"乃是体验的首要方式,因此其所谓的经验才是真正的彻底的经验。[①] 梅洛-庞蒂的"身体经验",通过身体性的行为回到生命自身的体验,以身体行为对活生生的世界的意义和价值的建构,克服主客二分和现象与实在二分的难题;通过身体的知觉体验,沟通作为主体的自我、他人及世界,将自我熟悉的物体划入自我的世界,也是共同的生活世界,从而实现对世界的通达;通过身体经验的"看"与"触",走入世界,"重临物、真、善的构建时刻",并使事物各就各位,使世界具有肉身性,回到主客无分的原初体验,从而更好地把握生命的价值与意义。

[①] 张再林,燕连福:"从经验到体验:现代西方哲学的彻底经验主义走向",载《江海学刊》,2010年第2期。

❖ 道德可教的涵义与方式 ❖

身体经验沟通了作为主体的自我、他人与世界，突破了笛卡儿式狭隘的"自我"，把"我思故我在"变成了"我在故我思"。正是这样一种对世界的通达方式，奠定着道德的基础，把世界建构成一个道德共同体。所谓的道德教育回归生活世界，应当是回归到主体间建构的生活世界，而不能简单地说是日常生活世界。或者说，日常生活世界尽管是一个活生生的、现实的世界，但仍然是主体间建构起来的世界。这种建构在胡塞尔那里是原初的直观体验，在海德格尔那里是存在论意义上的"上手"体验，只有在梅洛－庞蒂那里才成为身体的体验。在梅洛－庞蒂看来，胡塞尔的先验意识仍然具有较强的主体性倾向，具有把意识构造物的世界沦为意识之对象的危险。而身体与世界则是不可分离的，它们之间有一种原始的"同谋关系"①，浑然一体。从经验到体验，走向了彻底的经验主义。

经验是身体参与的行为，因此它既可能是理性的认识，也可能是感性的认识或领悟体会，同时可能是情感的显露行为。因此，经验是生成的、具体的、变化的。

（二）道德的建构：从情感体验到身体体验

康德把经验的、情感的因而也是从偶然性的东西排除在真正的道德之外，当然，在康德看来，纯粹的理性也不可能产生道德。所以在道德的起源上，康德既不认同理性也不认同经验，而是纯粹的实践理性。我们可以看到，康德对道德问题有两个特别的论述或追求：第一点，必须是普遍的和共通的认识，因而是形式上的道德正确；第二点，真正的道德应当是非功利性的。显然，康德的两点不是在同一个层面上说的。第一点规定了道德的主体间相互约定的性质，按照这样的规定，似乎可以说，道德应当排除个人经验和情感的因素，因为这些东西体现了太多的个人成分，具有偶然性，不太具有普遍性。第二点是就理性的、计算的因而也是功利性的道德而言的。在康德看来，道德要成为普遍的行动法则，必须是理性的而不是经验和情感的，因为只有理性才有这个能力，但另一方面理性又必须排除计算的功利考

---

① 张尧均：《隐喻的身体：梅洛－庞蒂身体现象学研究》，中国美术学院出版社2006年版，第42页。

第四章 道德可教的三重意蕴及其低效性存在

虑成为纯粹的实践理性。

康德对真正的道德价值的追寻，似乎具有现象学的意蕴，即要从经验的和情感的东西还原到纯粹的实践理性，但康德的道德学说并没有走向真正的现象学，至多只是运用了现象学的方法，即排除任何经验或情感的东西，还原到人与人之间具有普遍意义的纯粹的实践理性。这就是康德的形式伦理学，人仅仅是出于责任可以实现道德共契。马克斯·舍勒反对这一观点，他认为通过现象学还原寻找情感的先验结构才能实现道德共契。舍勒批评康德将"先验之物"等同于"形式之物"的根本性错误，在他看来，在先被给予的先验"概念"可以通过直观事实而得到，也就是说，"即便是精神的情感方面，感受、偏好、爱、恨以及意愿都具有一个原初先验的内涵"，或帕斯卡尔所说的先验的"心的秩序"[①]。舍勒的质料伦理学强调先验的情感结构对道德的建构作用，在他看来，体验结构的变动对世界客观秩序的理解也将发生根本性变动。事实上，不仅情感的先验结构是道德建构的重要基础，而且即便是归纳经验的情感体验也经常发出道德行为。偶然的经验或情感虽然不能构成真正的道德价值，但先验的情感结构却是道德形成的基础和路径。正是因为人类具有共通的情感，才可能从此及彼，通达他人和世界，构建成生活世界。而且，情感本身就是一种体验。缺乏体验，情感的活力就无法彰显出来。甚至说，缺乏道德情感，很难产生具体的道德行为，只能变成康德所说的冷冰冰的道德关系。当然，康德对真正的道德价值的追寻是符合现代社会建设方案需要的，因为基于纯粹实践理性的道德社会虽然不一定是热情融洽的社会，但至少是比较稳妥的道德秩序的社会。

应当说，在理性，即纯粹的推理和思辨不可能产生道德这一点上，康德与现象学的认识是一致的。不同的是，康德也反对把经验作为道德的可靠的来源，而现象学特别是梅洛-庞蒂的现象学则把身体体验看作是道德"生活世界"的可靠来源。当然，康德所说的经验与现象学所蕴含的"经验"的内涵完全不同。前面已经有所表述，梅洛-庞蒂之所以强调身体性的体验，是要回到生命自身的活动，以

[①] 马克斯·舍勒："先验与形式"，倪梁康译，载刘小枫编：《舍勒选集》，上海三联书店1999年版，第12、15、26页。

◈ 　道德可教的涵义与方式　◈

身体体验建构自我、他人与世界的意义和价值，以克服康德等人造成的主客二分或现象与实在二分。抛开主客二分不论，两者都存在一个共同的道德意义世界的建构问题。不同的是，康德以纯粹实践理性作为建构的基点，舍勒以质料的先验情感结构作为建构的基点，而梅洛－庞蒂则以身体体验作为建构的基点。舍勒的情感现象学是要纠正康德形式伦理学的错误，而梅洛－庞蒂之所以没有停留于舍勒的先验的情感结构，也正是要克服舍勒的情感伦理学可能造成的主客二分。事实上，情感体验虽然是道德构建的基础，但并非是全部。或者说，道德建构虽然获得情感的认同才变得牢固，但诸多的道德事实上是通过活在现实生活世界中的身体的"触、摸、看"建构起来的。

现在有一种观点，认为道德起源于现实的需要。但就个体道德的形成看，则未必完全如此。个体道德的形成至少受到如下几个因素的影响，一是既定的社会道德观或道德风俗，因为按照海德格尔的说法，人是被抛的存在，人来到世上必然受到既存的社会道德观（包括主流的和非主流的，或者是社会的和个体生存的集体）的制约。二是特定的群体的道德实践，道德实践与既有的道德观往往存在偏差，因此它对个体道德信仰的形成可能会造成动摇和破坏。三是个体现实利益的需要。利益冲动只要是合理的和不损害他人利益的，也当然可以建构个体的道德。从道德的本义上看，"道"意味着任何一种事物本然的存在方式，人的道即人的生活；"德"则是道的可能发展方式或最好表现方式。道德的目的是实现人的好的生活。个体道德形成的直接动力是生活的需要。四是道德情感。马克斯·舍勒诉诸情感的直觉伦理学确实有一定的道理，人的"同情"和"共通感"确实是人与人构建道德关系的基础。从某种意义讲，人的共通感可以建构起普遍的道德规则，因为只有共通感才可能达至他人和世界，但这种通达还是有限的。显然，情感和利益需要对于构建道德关系是明确的。

但利益需要只是道德行为的动力，就人类社会发展总体而言是这样的，就个体而言，并非总是以利益作为道德行动的准则。个体的道德行动或不道德行动，在日常生活世界中往往是经由身体的体验而形成的惯例或潜意识的把握。而这种惯例的形成当然靠体验，个体的道德在特定的世界中都需要靠体验才能获得建构。情感体验是道德达成的基础，但不是道德形成的全部。从人所处的周遭世界看，个体正是通过身体的体验实践才可能实现对他人和世界的有限通达的。社会的道德价值观和群体的道德实践都是一种结构化的东西，而这种社会结构对个体的制约并非是全靠情感体验就能完成，而是靠身体的体验才能完成。或者说，社会结构作为被抛弃的存在，并非需要个体情感经体验后的完全认同，因为身体具有一种潜意识地起作用的意向性[1]，身体与世界之间的相互蕴涵关系，正是通过身体把某种行为模式作为身体图式烙在内中了。[2] 个体对社会倡导的道德价值以及群体内的道德实践，通过身体参与其中，并对社会特定的道德结构有一个潜意识的基本领会与把握。当然，个体也需要在这种体验中获得自身道德坐标的安置，并作为道德行动的起点，从而获得生活的相对稳定。

（三）经验建构决定的道德教育难题

身体体验哲学从主客二分走向主体间的生活世界建构，但是身体体验如何沟通主体的自我、他人与世界的关系是个不断还原的过程。实证科学是建构世界的一个方式，但实证科学无法建立起对世界的所有经验，即便是对物质世界的认识仍然包含着个体的经验成分。而对于自我与他人的关系虽然也依赖于某种知识，但更主要的是体验。问题就在于，个体体验何以能够通达对"他我"和世界的把握，或者说一个单个主体的意识如何能够从自身出发并且超越自身而构造出另一个"他我"。在胡塞尔对时间意识、感知和想象所作的现象学分析中，他描述了一个自我超越本己的领域而达到意向领域的过程，即自我通过"原初性还原"构造出"本己之物"，再通过联想或想象意向性地构造出另一个"他我"。但显然，"本己"不可能实现与"他我"的完全同一，他人的自我与我的自我之间的同一只是一种想象

---

[1] 梅洛-庞蒂：《知觉现象学》，姜志辉译，商务印书馆2001年版，第14页。

[2] 张尧均：《隐喻的身体：梅洛-庞蒂身体现象学研究》，中国美术学院出版社2006年版，第43页。

❖ 道德可教的涵义与方式 ❖

的或虚构的同一。① 因此，主体之间能否建立起共同的世界视域就值得怀疑。马克斯·舍勒把知识分为三种，其中的本质—教养型知识的认知法则是由现象学提供的，而获救型知识则是绝对个体性，并没有客观的真与假的问题，只有个体性的有无意义的问题。② 就价值观来说，个体经验如何通达一种共享的价值也成问题。但人总是要行动，尽管有些时候是情感冲动下的一种行动，而更多的时候个体必定需要从群体价值观和具体行动实践中依据个人体验获得自我的价值认识、经验结构和潜意识的身体图式，这其中包括他需要为自身找到一个稳妥的价值点。这个寻找的过程包括两个方面：一个是对他人价值的语言分析，这个分析的过程背后总是附带着特定的行动实践作为对照，进而内化为自己的意义，当然也是对他人意义的通达；一个是对他人实践的分析，实际上是一个价值判断的过程，即以自己的意义对他人实践进行建构，通过认同、修正或否定获得自我的价值意义。这样的过程是一个不断还原的过程，逐步向共享的意义接近。但问题是，人的日常经验结构虽然是无限开放的，但也是相对固定和封闭的，这是出于吉登斯所说的信任和本体安全的需要。吉登斯的结构化理论认为，社会系统的结构性特征，既是其不断组织的实践的条件，又是这些实践的结果。结构并不是外在于个人的，"不应将结构等同于制约，相反，结构总是同时具有制约性与使动性"③。个体既受到社会结构的制约，同时又因为具有反思性而建构并修正新的结构。同样，个体的道德形成既受到既定的道德结构的制约，同时也依赖于体验生成新的道德结构。因此，个体经验通过反思性实践，一方面力图通达他人和世界，获得共享的价值和意义，另一方面又生成新的意义。这也表明，很难找到普遍的道德规则。日常生活中的个体道德行动虽然凭赖于潜意识的身体图式，但这种身体图式总是特定群体内体验的产

---

① 倪梁康：《现象学及其效应——胡塞尔与当代德国哲学》，三联书店1994年版，第146-151页。
② 刘小枫：《现代性社会理论绪论》，上海三联书店1998年版，第250-254页。
③ 吉登斯：《社会的构成》，李康，李猛译，三联书店1998年版，第89-90页。

物，而人的交往与生活的群体范围总是在变化，因此个体总是带着自己的价值和意义依据特定的情境做出具体的道德行动。所以，道德生活世界的建构总是有一个不断地有限的通达他人或不断还原的过程。这是道德建构的难题。道德教育的难题由此产生。

人的经验和体验对道德的建构，在于人与人之间有一种"共通感"或者休谟所说的同情。这种共通感包括两个方面：一个是人的自然情感，比如爱与恨、善与恶、正义感与同情心。这是人所固有的本性，也是道德建构的牢固的起点，虽然人的这些自然情感会依情感的对象不同和环境与个体体验上的差异而呈现出道德情感强烈程度的差异，但都具有类似的情感倾向。这也是道德教育可靠的基点，但它往往被人们所忽视。我们的道德教育缺乏对道德情感的激发，不过，即便改变道德情感的教育方式，即着力于制造场景以激发人们的道德情感，也无法保证个体道德情感完全实现向他人和世界的通达。另一个是基于体验的道德认知结构，包括个体对特定范围内流行的道德价值的体悟以及对他人道德实践的体验所形成的道德生活世界。虽然人与人之间要形成道德生活世界，或者说个体如何通达他人道德认识，有一个不断接近的过程，但个体基于行动安全的考虑总是要利用既定的也是粗糙的道德经验，因此，日常生活中总是可以形成某些共通的道德感。但这种共通感总是相对的、有限的和不稳定的或者说是开放的。随着身体参与世界实践的扩大，其体验获得的潜意识图式也会随之有所改变，甚至其认识他人和世界的方式也会改变；或者说，其对他人和世界获得新的通达或不通达产生影响。因此，个体道德行为会随着具体情境而呈现新变化。在如何保持影响个体经验建构的外在道德方面，意义结构的恒定性就是一个难题。

从道德的经验建构来看，道德教育主要是靠个体的体验。但个体的体验并非不需要道德的说教。事实上体验也包括对道德说教的体验。当然这种体验并非单纯靠理性的辨别，而更要靠身体的实践体验。无论是哪种体验都存在自身的难题。要把抽象的道德规则灌输到个体头脑及行动中去，实际上是个体如何通达他人和世界的问题。但个体向他人的通达往往是自我的体验，而把抽象的道德规则向个体灌输则是一种强制的行为。日常生活中的个体道德表述和实践总是有些情感化的、粗陋朴素的，而社会所倡导的具有普遍意义的道德价值和

❖ 道德可教的涵义与方式 ❖

规范则是理性的、精制的和高远的，两者之间存在巨大差异，因此社会所倡导的道德价值和规范要获得个体的认同就存在相当的难度。

现在一些学校注意到了道德灌输的难度和低效，转而走向体验式德育。但事实上，体验式德育也并不完全意味着学校仅仅是制造体验的环境和活动场景，或者说学校在制造体验的环境和场景中必定有前设的道德价值和规范，否则，学校就几乎不存在什么德育活动。所以，学校的很多体验式德育活动，为了改变说教方式，把设定的道德价值隐藏于体验活动之后，表面上看是一种德育体验，但其实是一种导演下的表演。体验的场景必须是真实的，只有在真实的场景中学生才能获得情感的体验。但学校似乎很难制造真实的道德场景，或者说学校本身就存在真实的道德场景，只是学校因为教学方式的问题才丧失了真实的道德场景。这种"制造"包括两个方面：一是加强学生的社会实践活动教育，一是改变教学方式，使教学更可能成为日常生活的模样。

生活世界并不仅仅是指人的日常生活实践，更应当包括人所建构起来的世界。从这个意义上说，生活世界终归是语言的世界。而语言是一种符号的秩序，或者说，其背后隐藏着某种结构化的东西。但这种结构既是制约人的，同时又因为人的主动性实践为人所建构。个体依赖于自身的体悟和经验，一方面要通达结构化的社会秩序，另一方面又建构成新的秩序。从道德教育上看，这种体悟可以从两个层面上进行：一个是在日常生活实践中，比如通过开展符合学生生活特性的实践活动（生活技能教育、体育运动、艺术活动等），提高学生的道德实践能力与道德建构能力；另一个是建立符合人性的教学模式，通过教学形式的改变，使学生在知识或能力教育中加强互动、合作、交流，从而建构起学生的道德认知和道德品质，比如相互的尊重、相互的欣赏、平等的合作等。但是，现有的课堂教学模式更多的还是以知识传授为主，虽然近年来有一些变化，但没有从根本上得以改变。所以，需要研究如何变革课堂教学，使其成为学生的经验建构过程，使其真正地回归学生的生活世界，更实在地建构起学生的道德人生。

尽管如此，道德的经验建构及其教育的难题依然存在，因为个体如何通达他人和世界永远存在不断还原的过程。对于道德教育而言，我们要改变的不仅仅是教育方式，而且更重要的是改变道德教育目标，即改变对学生道德发展结果的关注，走向一种真实道德场景下的身体体验。

四、道德的非理性特征及其道德教育的低效性

道德行为是理性的选择还是非理性的选择？就是说，道德的本质是理性的还是非理性的？这是回答道德教育问题的前提条件。如果道德行为是一种理性的选择，那么道德是可以经过理性的训练得出合乎道德的行为——至少在一定的程度上是可以的，因为理性是有限的，不可能经过理性的训练就可以达到人们想要的道德行为。如果道德行为是一种非理性的行为，那么道德不可以经过理性的训练得出合乎道德的行为，也不可能通过知识的传授得出合乎道德的行为。

（一）理性是有限的

理性，在现在看来主要是指一种运用概念进行推理与判断的思维能力。在柏拉图的《理想国》中，理性代表着人类灵魂的高贵部分，它也是一种美德，用理性控制激情与欲望表示一个人灵魂的和谐。与此相对应，按照灵魂次序组成的城邦才是和谐的城邦。在洞穴之喻中，理性是指从纷纭的世界中看到理式的存在，从可见的世界看到"善"。近代以来，理性一词逐渐演化出科学理性、技术理性或工具理性之说，并且技术理性越来越多地主宰着人们的精神生活；这种现象被称为现代性的危机，拯救这种命运成为现代性思想家的历史使命。

用海德格尔的话说，现代性的危机就是人上升为主体，世界沦为客体。世界沦为人们数学式地把握与宰制的对象，科学的、理性的计算主义成为人们统治世界的法则。人的主体性得到了彰显，工具理性主义膨胀，理性被揭发为主体性，它既是征服者又是臣服者，人在主体性的征服中迷失了自我；这就是所谓的文艺复兴倡导的人文主义与18世纪启蒙运动以来的西方现代社会的命运。这也就是现代性作家所说的人的异化问题：在科学与信仰的对立中，在物质与精神的对立中，在官僚组织与公民的对立中人丧失了人的本真，人把自己锁进了它满怀激情所创立的物质世界、理性王国与官僚机器的铁笼之中。一

❖ 道德可教的涵义与方式 ❖

切现代性的作家都看到了现代性的困境，而拯救现代性的命运就成为他们的历史使命。

　　席勒批判物化的经济过程和独立的国家机器像一架精巧的钟表，使劳动异化，公民成为异己，他还批判了远离日常生活的理智化与过于专门化的科学，因而他寄托于审美的艺术来实现社会的和谐则纯粹是一种乌托邦。康德在为现代性作自我确证的过程中，在为理性作辩护的过程中，提出了一种有别于形而上学传统的理性概念，确立了客观知识、道德认识和审美评价；却造成了人的主体性的内部分裂。黑格尔在承认康德对现代性的主体确认的贡献基础上，也意识到了他拒绝把被迫分离的主体性统一起来的要求，那么黑格尔准备用什么来调和这种现代性的分裂呢？起初他与荷尔德林、席勒和谢林一样主张用诗意与神话来调和现代性，后来才企图用"绝对精神"统一科学、道德与审美艺术之间的分裂。黑格尔不是第一位现代性哲学家，但他是第一位意识到现代性问题的哲学家。[①] 他既看到了现代世界的优越性，也看到了它的危机，所以他认为现代世界是一个进步与异化精神共存的世界；但黑格尔并没有找到克服现代性危机的路径。他的绝对精神概念只能使理性客观化，从而丧失了对现代性的批判力。

　　康德为理性辩护的手法是给理性划定适当的领域，为信仰留下地盘。科学技术知识并不能解决人自身的问题，这一点马克斯·韦伯在《学术与政治》中也作出了判断。胡塞尔在《欧洲科学危机和先验现象学》中指出的危机实际上并不是科学的危机而是哲学的危机，而这种危机的根源在于实证主义、怀疑主义与非理性主义排挤了欧洲传统的理性主义的精髓。在胡塞尔看来，欧洲文明的根本特征就是理性主义，而存在主义试图通过人的生存处境的心理学—伦理学的描述重现自由的绝对意义，实际上是用一种非理性主义来反对理性主义；所以胡塞尔的现象学要用一种完全的理性主义来反对残缺不全的理性主义。霍克海默也对科学技术的工具理性导致的人文精神的失落进行了有力的批判，在他看来，启蒙导致了自我毁灭；工厂像铁幕一样消解了一切文化；物质进步的代价是精神的不断媚俗化，精神不仅没有成

----

① 哈贝马斯：《现代性的哲学话语》，曹卫东译，译林出版社2004年版，第51页。

第四章　道德可教的三重意蕴及其低效性存在

为对物化的否定，反而成为了文化财富被用于消费。被人称为20世纪最后一个理性主义者的哈贝马斯在《作为意识形态的科学技术》中也批判了科学技术对生活世界的殖民化问题，主张通过日常的理性交往解决生活世界殖民化问题。施莱尔马赫把自己纳入对所谓自然科学与人文科学的对立中解决，与分析哲学的语言学转向一样，都未能找到真正的存在。

早期现代性作家虽然对现代性的分裂作了有力的分析与批判，但从总体上看还是着力于对现代性作自我确证与维护；这非常不同于后现代性作家的颠覆气质。所以福柯说19世纪以前的人本主义还不是真正的人本主义。在福柯看来，"启蒙"和人文主义之间是一种紧张状态而不是同一性。[①] 启蒙并不是像康德所说的那样，是使人变得成熟和有理性；相反它通过权力、制度与规则主宰着真理的生产与话语结构。它没有使人成熟，相反使人奴役；所以福柯要颠覆真理生产的制度与规则。海德格尔将现代技术的展现方式概括为促逼和摆置。为现代技术所促逼和订造的一切东西成为了持存物，一经促逼的订造立即到场，不再与我们相对而立，遮蔽了自身的所是。在现代科技条件下，物与人的距离越来越近，但经人的摆置却变得愈来愈远，人已无法把握到物的无蔽状态。正如海德格尔所比喻的，农夫与田地、护林工与森林之间是一种切近的关系，而人类通过现代技术对自然的摆置则让人无法认识到物的所是和如何是。最致命的是，人类通过现代技术和理性不仅摆置了自然而且摆置了自身。人类在这种摆置中失去了自身，无法进入一种澄明的无蔽状态。海德格尔与一些后现代性作家不同的是，它并没有否定现代技术，但他最终走向了诗和语言寻求现代性的出路。利奥塔针对高度发展的社会中盲目接受工具理性的知识概念，提出知识并不等于科学；这种诊断无疑是正确的，但他走向了游戏，这显然与多数后现代性作家一样含有太多的颠覆性质，缺乏积极的建设性意义。

与以上作家不同的是，从克尔凯郭尔、叔本华到尼采，他们的作品试图界定世界的非理性本质，无疑极大地丰富了西方精神哲学中的

[①] 福柯："何为启蒙"，杜小真编选：《福柯集》，上海远东出版社2003年第2版，第538页。

❖ 道德可教的涵义与方式 ❖

非理性理论资源。但是，他们所做的工作无非是要找回古希腊时代的狄奥尼索斯精神，而没有解决科学理性存在的问题。现代以来的思想家对理性的批判不过是要为理性划定适当的领域，试图找回人的存在或者自我，但是他们显然走错了路或者说找错了方向。即便按照他们的批判加以改进，人类可以找回生活的存在，但并不必然会找到幸福。他们之所以走错了路，是因为他们并没有触及到苏格拉底所说的灵魂的问题，即人的情感与欲望的部分总是试图控制理性的部分。问题的关键就在这里，并不是因为科学技术（理性）而使人失去了自我，人为物所役主要在于人的欲望太大。苏格拉底显然看到了欲望与激情对灵魂与身体的危害，因此，他的伦理学原则才成为一种"理智决定论"[①]。即是说，肉体以及其种种欲望是不幸福的根源，只有理性或理智才能引导灵魂趋向幸福。灵魂达到和谐状态，即灵魂中的神性部分对人身的较低下的冲动拥有至上的权威之时，人才能达到至善与幸福。按照这一原则，德性就是超越了任何条件的制约，是以自身为目的的；如果人完全理智地行事，那么任何人在任何条件下的行动都是道德上的正确。然而这个假定是不存在的。当苏格拉底说"知识即美德"[②]之时，他是把美德看成是一个道德法则的认识问题，而不是一个道德法则的应用问题。或者说，苏格拉底所讲的美德主要还是理智的美德。从美德的践行来看，理性的问题就在于它无法有效地驯服欲望与激情，因而它无法成为一切行动的依据，进而也无法成为人类道德行动的合理的依据。

（二）现代道德的正当性缺乏一个普遍的基础

道德正当性有没有唯一的普遍基础？这个问题至关重要。如果道德正当性没有一个普遍的基础，那么道德教育的效力就需要分类考

[①] 策勒尔：《古希腊哲学史纲》，翁绍军译，上海人民出版社2007年版，第114页。

[②] 知识有三种：一种是实践性的，如政治学和吹笛术；一种是生产性的，如建筑和造船；一种是理论性的，如几何和天文学。"知识即是美德"表明，美德是一种对知识或生活中真正有价值的东西的深刻的洞察，并没有涉及践行的问题。苏格拉底式的教导方式就是向人追问"什么是……"。

第四章 道德可教的三重意蕴及其低效性存在

察,若道德行为是理性的,是经由理性发出的,那么我们就可以通过改变人的认知达到引导道德行为的目的,而人的理性认知是可以改进的;若道德行为是非理性的或偶然的,那么道德教育也必然具有偶然性,因而必然是低效的。

现代性以来,一个整体性的世界已经分化了,启示宗教不再成为道德正当性的统一基础,这成为道德的现代性遭遇。显然,道德行为来源于宗教信仰是非常可靠的,而分化世界中的道德正当性的统一基础的缺失必然带来道德的困惑与道德行为的不稳定,于是,为现代世界的道德正当性找到一个普遍性的基础便成为了现代性思想家的任务。休谟和亚当·斯密认为道德来源于情感。休谟认为,道德上的区分并非得自于理性。休谟的论证线索是,一是证明善与恶并不是理智对象。休谟认为理智有两种运作,即对观念进行比较,由此发现对象间的关系;对事实进行推理,由此发现对象的存在。如果善与恶可以借助于理智发现,那么它们必须或者由关系构成或者由事实构成,但休谟证明善与恶既不是由关系构成,也不是由事实构成。二是证明道德规则不是我们理性的结论。休谟认为,道德唤起了激情并产生或阻止了行为,而理性自身在这里完全是无能为力的。理性是而且只应是激情的奴隶,除了服务于、听命于激情外它不能佯装具有其他的职能。

善与恶既然不是理性发现的,那么是什么呢?休谟认为是情感发现的,而且,善和恶还是由情感构成的。因此,道德是感觉的事情而不是判断的事情——善只有在被人们认可了才是善,人们不认可的便是恶。道德上认可的感觉是愉快而不认可的感觉是不愉快。不过,休谟认为,道德情感并不是一般的愉快或痛苦——它首先仅来自于对理性存在物的性格和行为的考虑,其次这种考虑并不是基于功利主义式的对行为结果或利益的考虑,而是基于对性格或行为本身的考虑。

休谟否认理性可以发现道德的善与恶,这种否认最终要求道德要与激情相一致,在这一点上休谟追随着霍布斯和洛克,但他并没有接受他们的结论。休谟认为霍布斯的道德体系是一种"自私的道德体系",其基本前提是,基本的具有统治地位的激情都是自私自利的。休谟否认这一点。在休谟看来,并非是所有的欲望都是自私自利的,如对子女的爱和对敌人的恨,这样的欲望是一种原始的本能和冲动,

❖ 道德可教的涵义与方式 ❖

它们在追逐自己的目标时是不考虑任何好处的。其次，不仅远非所有的激情都可归约为自私自利的考虑，自私自利的行为本身就假定了其他激情的存在。最后，自我利益也不是最强烈或占主导地位的激情。

亚当·斯密对于道德的非理性特征的分析基本上来自于休谟。斯密认为，任何行为的源泉都是感情，因为感情真正解释了行为的动机。

任何行为都出于内心的感情，因而任何行为的全部善或恶最终都取决于这种感情。这种感情可以在两个不同方面，或者是在两种不同关系中加以考虑，首先，同引起行为的原因或促使行为发生的动机的关系；其次，同行为打算达到的目的或该行为意欲产生的效果的关系。

作为结果的行为之恰当或不恰当、庄重或粗野，在于感情之于引起行为的原因或对象的合适或不合适、相称或不相称。

行为的优点或缺点——根据这些特点该行为应该受到奖励或者受到惩罚——在于感情想要或者打算产生的效果是有益的还是有害的。[①]

但正如康德所讲的，基于情感的道德行为没有什么真正的价值，因为偶然性的东西不具有普遍推广的价值。康德既不满意休谟等经验主义者把道德的本质归结为非理性，也不完全同意把道德的本质归结为理性，他认为道德的本质在于理性意志，意思是说，真正的道德行为是一种自由自觉的选择，是一种仅仅出乎责任动机而履行的行为。首先，康德无疑是一个理性主义者，但他也划出了理性的限度。康德的一生主要关注两个问题，一个是自然法则，一个是道德法则。康德的批判哲学的主要目的，是要对人类理性的本质、范围与限度进行系统的批判。其后，康德才把他的批判哲学扩展到实践哲学领域，在那里他试图对实践理性作类似的批判。在康德看来，由于我们对上帝存在、灵魂不朽和意志自由这些问题的认识并不是来自纯粹的理论理性，而是实践理性的预设，也就是说，不管是纯粹的理论理性还是实践理性，都无法回答这些问题，只能是作为一种公理而预先存在的，

---

① 休谟：《道德情操论》，蒋自强等译，商务印书馆1997年版，第一部第一篇第三章。

第四章　道德可教的三重意蕴及其低效性存在

因而理性是有限度的。其次，康德认为道德不可能仅仅建立在人性的基础上，也即是建立在情感与欲望的基础上，而应该建立在理性意志上，因为道德原则必须具有理性的必然性和普遍性，而不能受各种偶然因素的影响。

所谓理性的必然性是指人们有责任做出道德行为，或者说人们做出道德行为仅仅是出乎责任。比如向灾区捐款，不能仅仅出乎同情心，更不能出乎各种功利性的动机，也不能出乎各种欲望，而只能是出乎责任，这才是真正的道德行为。康德坚持认为，只有从责任的动机去履行的行动才具有真正的道德价值或道德内容。如果出乎同情心向灾区捐款，在康德看来是没有真正的道德价值的。显然，"从责任的动机履行行动"可以为行动的道德正确性提供保证，同时也体现了理性意志与各种情感和欲望的斗争，因而特别具有道德价值。所谓理性的普遍性是指"要只按照你同时认为也能成为普遍规律的准则去行动"①。康德说，道德原则或者是经验的或者是理性的，经验原则不能作为道德规律的基础，因为如果道德规律立足于人性的特殊结构，或者立足于人所处的偶然环境，它们就不会对一切有理性的东西都具有有效的普遍性。康德举例说，努力提高他人的幸福可以作为一项道德原则，这并非是因为个人可以从中得到什么好处，也不是能带来什么满足，而仅仅是因为一个排斥他人幸福的原则在同一个意愿中不能当作普遍规律来看待。可见，康德的道德原则只是一种形式，而没有具体的道德内容，符合这个规律的就可以成为道德原则。比如，"禁止偷盗"、"禁止抢劫"等道德原则可以成为普遍规律，因为它符合人的理性自身立法的要求。当然，服从基本的道德要求是符合人们自身的利益的，因此，道德行动本身并不是没有目的，只是那些目的是由理性本身来设定的，而不是经过感性来设定的。

在康德看来，真正的道德价值不是建立在情感、欲望和经验的基础上，因为这些都是偶然性的东西；如果道德规律立足于人性的特殊结构，或者立足于人所处的偶然环境，它们就不会对一切有理性的东西都具有有效的普遍性。但也不能建立在理性的基础上，因为理性有

---

① 康德：《道德形而上学原理》，苗力田译，上海人民出版社2005年版，第39页。

❖ **道德可教的涵义与方式** ❖

功利计算的成分。只有遵从道德原则的必然性和普遍性，人的行动才能是为了道德责任本身而非其他外在目的而合乎真正的道德，人才能达到意志自由而不为外物所决定；正是人的意志自由才会做出真正的道德行为。所谓意志自由，在普遍理性看来，就是必须认识到，意志是不为主观原因所决定，也不为感觉所决定。① 可见，康德的道德概念先天地坐落在纯粹而又实践的理性之中，他的道德原则具有先验的、纯粹的、形式化的特点。他以高度抽象的分析从形式上界定了基本的道德原则，一方面，真正的道德行为是仅仅出乎责任动机，应排除出自然情感和一些功利性目的；另一方面，道德规律必须具有普遍性，应排除那些偶然的、经验性的东西，因为偶然性的、经验性的东西都不具有普遍性，因而也没有真正的价值。把偶然性的、经验性的道德行为加以倡导和推广是颇成问题的，这恐怕也是中国道德教育的大问题。

康德把先验的知识与形式、理性的自发性、普遍性以及必然性联系在一起，对此，舍勒多有批判。舍勒坚持认为，只有理性所具有的思维、直观和评价等形式的能力是恒定的，而理性自身不是普遍的和恒定的；并且，不只是认知和思维，实际上整个精神生命都拥有纯粹的行为，它独立于人的心—物构造，即精神的全部情感特征（感觉、喜好、爱、恨等等）都是这样。② 舍勒的意思表明，整个精神生命都是独立的、先验的；并且，这种先验的精神并非是形式上的，而是实质性的——即爱和恨成为一切价值秩序的基础和来源。与康德相似的地方是，舍勒认为，爱和恨这样的情感并不依属于感性，也就是说，它是独立于价值对象的，它不是一种感觉，不因为价值对象的圆满或缺失而发生变化。舍勒对康德在《实践理性批判》中的预设提出的批评表明了二人之间的根本区别。

从舍勒提出的康德伦理学的预设可以看到，康德的伦理学是先验的、形式的，而舍勒的伦理学是先验的但却是实质的。舍勒的实质伦理学表明，爱和恨这样的情感特征是道德情感或行为的直接的来源；

---

① 康德：《道德形而上学原理》，苗力田译，上海人民出版社 2005 年版，第 82 页。
② 弗林斯：《舍勒思想评述》，王芃译，华夏出版社 2003 年版，第 32 页。

第四章　道德可教的三重意蕴及其低效性存在

康德的形式伦理学表明，纯粹的理性才会做出真正的道德行为。然而，纯粹的实践理性并不等于理性，不如说它更接近于非理性。因为不受感情与经验干扰的理性、只有形式上的没有实质的价值的理性往往类似于舍勒所说的爱的情感。如果我们看看康德伦理学提出的背景，或许可以明白纯粹实践理性到底是何物。在启蒙运动时期，宗教式微，基督教传统理念对社会伦理秩序的规约力已经受到挑战，一些现代性思想家从人的自然状态而非堕落状态开始探讨社会伦理秩序的正当性，康德看到，启蒙之后启示宗教已不可能作为道德行为的实质性的奠基基础。于是他设想，一种既以人的自然状态为依据，但又不受自然状态下的各种客观因素或经验所制约的，即先验的而非超验的、与经验无关的实践理性是否可能。这种纯粹的实践理性作为道德的正当性统一基础，既排除了理性的功利，又排除了无真正价值的道德偶然性和经验性，当然具有重大的理论价值。但问题是，个体理性何以能按照成为普遍规律的原则行事？正如麦金太尔所观察到的，克尔凯郭尔的"或此或彼"的命题正是康德的形式的、先天的、普遍性的纯粹实践理性所引申出来的必然结果。因为道德行为个体作为一种个体偶在，在进入普遍性时必然遭遇到一种困境：即在善与善之间如何选择。① 普遍的道德法则并没有给个体行为提供适当的道德依据，因此，个体做出何种道德选择只能是依据个人意志而非理性。正如克尔凯郭尔尖锐指出的，根本就没有立法，或者只是试验。② 所谓试验，无非是指偶在性的道德个体在进入普遍性时的一种抉择过程。所以，萨特说，康德的意志自由是对的，但是纯粹的实践理性构成一

---

① 麦金太尔认为，当代世界的道德纷争主要在于善与善之间在概念上并没有可通约性，因而就没有一个共识的道德标准。他在《德性之后》中举了几个道德纷争的例子，这些例子表明，善与善之间是相互冲突的，诸如人工流产的例子中表明的正义和无辜的前提与成功和生存的前提相冲突；对权利的诉诸与对可普遍化的诉诸；平等与自由之间的冲突。可见，同一个现实问题上的道德正当性无法从理论上和概念上进行同一的辩护，这就为道德行为提供了个人意志决定的空间，因此，理性无法提供道德正当性的确切的依据，个体作何选择只有依赖于个体意志。见麦金太尔：《德性之后》，中国社会科学出版社1995年版，第10-11页。

② 刘小枫：《现代性社会理论绪论》，上海三联书店1998年版，第170页。

❖ 道德可教的涵义与方式 ❖

种道德的基础则是有问题的,因为道德选择总是具体的,无法预计的,需要由人去发明的。①

休谟诉诸情感,康德诉诸纯粹的实践理性,正如麦金太尔所指出的,为道德进行合理论证的全部努力无一例外地都失败了。麦金太尔清楚地看到,现代生活中的德性概念已经发生了重大变化,权利和功利的概念取代了以往的德性概念在社会生活中的中心位置,因而现代德性已经完全背离了传统德性;同时麦金太尔也清醒地认识到,现代社会的个人生活已成碎片,不成整体,而不同的个体对生活有不同的德性要求,作为生活整体的德性已经没有什么空间了。奇怪的是,麦金太尔不遗余力地改造德性概念,提倡在现代主流社会的边缘建立某种教团式的共同体以践行传统德性,藉以回到亚里士多德的德性传统。

在现代性条件下,要找到某种道德正当性的统一基础是困难的,这是为现代性的特征所决定的。正是由于现代道德缺乏某种统一的普遍性基础,因此我们可以假定,道德教育的效力需要分类考量。

(三) 道德行为的非理性与道德教育的偶然性

人的生命既包括理性,也包括非理性的东西。人类本质上就是具有欲望和需求的存在者,寻求某些基本欲望和需求的满足本身就是人性的一个要求。人性不可能是纯粹的理性。柏拉图在《普罗泰戈拉》和《理想国》中试图把"善"定义为一种不依赖于外在环境和感性欲望的东西,据此要求理性与身体的分离,对于人类来说是不可接受的;康德式的道德观念——实践理性可以被认为不受客观世界或现象世界的影响,是一种纯粹的理性要求,对于人类来说也是无法做到的。

欲望、情感、风俗习惯、信仰与血气皆是非理性的东西。"欲望"可以分为几种情况:①身体欲望,如吃喝、娱乐;②情感欲望,如享受天伦之乐、朋友之谊,这些都无所谓恶和善,也无所谓道德与不道德的问题;③心理欲望,它可包括正当的与非正当的欲望,所谓

---

① 萨特:《存在主义是一种人道主义》,周煦良、汤永宽译,上海译文出版社1988年版,第28页。

第四章 道德可教的三重意蕴及其低效性存在

不正当的欲望指违背了普遍准则的欲望。一些不道德的行为是由不正当的欲望引起的。

情感包括自然情感和非自然的情感,前者如爱国家、爱家乡、孝顺父母,这些情感是在长期的日常生活中形成的,它是基于一定的地域、种族、肤色、生活习惯以及血缘关系而形成的情感。人们之所以爱国家、爱家乡、爱父母,并非是出乎什么理性,而是自然情感的流露。既然是一种情感的流露,那么我们的爱国、爱家乡的道德教育就不应是知识传授式的教育,而应是一种情感的教育。后面要重点论及。所谓非自然的情感,是指一种个体偏好的情感。人们基于这种个体偏好的情感可以引起不道德的行为。

习惯是指人们在长期日常生活中形成的一种倾向性的做法。习惯与倾向不同。康德把人们对欲望、冲动、情感的习惯化称为"倾向"。在他看来,人是理性的存在者,但仅是有限理性的存在者,人还有非理性的一面,即人有各种各样的欲望、冲动与情感;人们往往会听从欲望、冲动与情感的倾向而自发地行动,因此就会与理性命令相冲突。在康德看来,真正的道德应是行为主体自由自觉的理性选择,而不是欲望受到压迫的产物。尼采对道德的伦理价值的理解基本上是康德式的,他说,"绝大部分善良本分的行为都没有伦理价值,而只是在强制下做出的"[①]。这话表明,很多道德行为或品性都是一种强制的产物,因而也是风俗习惯的产物,因为长时期的强制也就成了习惯。所以尼采干脆说,"谁创造了风习——强有力的风习——谁也就创造了道德"[②]。尼采虽然没有像康德那样体系化地论述道德问题,但尼采对道德问题的见解显然比康德要透彻和高明——康德对道德伦理价值的认识和见解不能说不深刻,但他完全排除了习俗化的道德及其价值,把真正的道德上升到纯粹的实践理性——姑且不论纯粹理性何以可能,问题在于他仅仅是在知识论上作讨论;尼采高明的地方在于,他看到了真正的道德与大众道德的区分,并且他还要在这种区分中探讨二者相处的问题。也就是说,尼采接过了柏拉图的问

---

① 尼采:《哲学与真理:尼采1872—1876年笔记选》,田立年译,上海社会科学院出版社1993年版,第24页。

② 同上。

◆ 道德可教的涵义与方式 ◆

题——哲人与大众的问题,但尼采对道德问题的处理是基于世界都是人(聪明的动物)制造出来的现象,无所谓善与恶;世界本质在于生命意志,准确地说是强人的生命意志。基于这种认识,尼采没有像柏拉图那样去迎合大众道德,而是对大众道德(指基督教道德和现代道德,而非一般意义上的大众道德)发动了最彻底的攻击。

信仰是指人们对人、社会与世界持有的一种信念,其中涉及道德上何为正确与错误、何为应当与不应当的信念属于道德信仰。有宗教信仰的人显然有道德上的信仰,没有宗教信仰的人也有道德上的信仰。人们在道德上信仰什么不信仰什么,无法在理性上与知识上得到辩明,因为凡是可以从理性上辩明的东西就不是信仰。因此,人们有关道德上的信仰不可能是一套完善的体系。道德信仰不同于道德感觉。后者指人们对道德上如何行动的一种直观,因此,它没有来自信仰上的情感力量。

在实际生活中,人们对于道德上何为对错或者说道德上如何行动的判断来自哪里?可以确定的是,它不可能来自理性。第一,理性无法召唤人们道德上的行动,因为道德上的行动涉及到人的欲望、情感、价值观等,而理性规划或思考可能会与非理性的欲望或动机发生冲突,并且,理性行动者自身追求的价值也可能会存在冲突。理性无法解决价值问题,它只可能提供行动上的技术路线或途径。第二,不存在完善的道德知识或理论,从来就没有一套关于道德上如何行动的知识体系。并且,从来就没有什么形而上学的德行,[①] 有的只是具体条件下的德行。既然没有这样一套知识体系,理性何以足够指导人们的道德实践。第三,理性是有限的,即便存在着完善的道德知识与理论,人们也不可能完全掌握,更不可能得到灵活的运用。况且,很多道德判断是不自明的。第四,一个道德上的行动如果是理性思考的结果,它本身就不是真正的道德行为,因为理性带有功利性目的,或者说由于理性的强迫而使得一个行动成为非自愿的选择。比如,在公共汽车上让座并非出乎自愿,而是碍于同学在场;又如,向路上乞讨者给予施舍并非出乎自愿或怜悯心,而是因孩子在场出于教育孩子的目

---

① 尼采:《人性的、太人性的》,杨恒达译,中国人民大学出版社2005年版,第59页。

的。这些行为都不具有真正的道德价值。第五，道德作为一种社会行为规范，能否得以遵守要落实到良心，而良心与理性并没有必然的关系——人皆有良心，不能说理性的程度与良心的多少有正相关的关系。一个人做出不道德的行为，可能与他的道德认知水平有关，因为他不知道道德上的何为对错，但更可能的是与道德认知没有关系，因为我们无法得出道德认知水平高的人比道德认知水平低的人更道德的结论。

　　理智可以经由教育而自明，但理智上的自明并不能产生道德上的行为或品性。休谟对道德上的区分并非得自于理性的理论论证。按照休谟的论证，既然善与恶不是理智的对象，是一种价值判断，那么人的道德行为也就无所谓理由的寻求，也就是说，一个人认为什么是善并付出相应的行动并没有什么理由上的解释。当然，善是多种的，人在善与善之间有一个辨析与选择的过程，但这种理智上的辨别不能成为道德行为的原因。人的道德行为或者是基于人的良心、同情心，也或者是基于某种动机，但这两者都不能成为道德行为的原因。道德行为既然无法找到逻辑上的因果解释，那么它也不可能来自于理性。理性无法解决价值问题，它只可能提供行动上的技术路线或途径。同时，价值判断与道德行为之间也没有线性的对应关系，价值判断不一定产生道德行为，道德行为也不一定来自于价值判断。从经验上看，情感、习惯等都可以引发道德行为，只是这样的道德行为并没有真正的道德价值。

　　道德行为的非理性特征表明，道德的获得或道德教育具有偶然性。情感和经验都可以引发道德行为，但这些东西如何引发道德行为则是不明确的，或者说没有规律可循和具有偶然性。情感是不可靠的，或者说是容易变化的，特别是个体情感存在着差异，因此很难找到道德情感激发有效性的普遍法则。个体经验的东西同样是不可靠的，也是理性的教育规划难以预测的和控制的。

　　对于教育的偶然性，卢梭在《爱弥尔》中公开申明，并作了许多特意的安排。卢梭在《爱弥尔》第一卷中说，人在出生的时候所没有的东西和长大的时候所需要的东西，全都由教育赐予；据此，他把我们人所获得的教育分为三类，或是受之于自然，或是受之于人，或是受之于事物。所谓自然的教育，是指人的才能和器官的内在的发

❖ **道德可教的涵义与方式** ❖

展；所谓人的教育，是指别人教我们如何利用这种发展；所谓事物的教育，是指我们从影响我们的事物中获得良好的经验。进而，卢梭把三种教育说成是三种不同的教师实施的教育。并认为，只有这三种教育趋向一致，趋向同样的目的，才称得上是良好的教育。当然，卢梭知道，这三种教育要趋向一致非常不容易，既要靠努力，还需要靠运气。自然的教育完全是不能由我们决定的，事物的教育只有在某些方面才能够由我们决定，而人的教育也不能由我们真正地加以控制——谁也无法对一个孩子周围所有的人的言语和行为通通加以创造和控制。① 然而，假定我们可以对一个孩子周围所有人的言语和行为实施控制，就像爱弥尔那样被带到乡村，远离仆人，并由一个人对他进行专门的教育，那么，美德能否因此而获得呢？这也是值得怀疑的。道德教育，毕竟不同于一般的知识传授，它需要有外部的强制，更需要通过心灵的内化，但我们无法理性地知道哪些言语和行为可以触及到一个人的灵魂并进而起到教育的作用。卢梭早已看到了这一点，他指出，要知道哪一种培养道德的方法最适合孩子，必须按照孩子的天性去指导他，因为每一个人的心灵都有它自己独特的形式。② 但什么是人的天性我们事实上并没有具体的概念，因为人既是具体的人又是社会中的人。卢梭的设想是，在人道的范围内探讨朝向自然状态的最大可能性。③ 即是说，现代人已经不可能返回自然状态，只能是朝向自然状态，社会和教育应当是为这种朝向提供可能，而不是压制和约束人的自由的可能性。因此，卢梭所说的遵照天性，意味着教育不是在孩子身上增添什么东西；恰恰相反，教育纯粹是否定性质的，良好的教育不在于医治人类心中的恶念，不在于培养什么更好的美德，既然人的天性是善良的，教育就是要阻止恶念的产生。④ 训练某种德性或许很难，阻止社会的"腐败"和恶念的产生更难。教育的否定性质

---

① 卢梭：《爱弥尔——论教育》，李平沤译，商务印书馆1978年版，第7页。
② 同上书，第97页。
③ 施特劳斯：《自然权利与历史》，彭刚译，三联书店2003年版，第288－289页。
④ 卢梭：《卢梭评判让－雅克：对话录》，袁树仁译，上海人民出版社2007年版，第20页。

表明教育的要害在于提供某种环境，但由于周遭环境的难以控制以及环境因素对人的影响的无法确定的复杂性，教育必然具有很多的偶然性。事实上，爱弥尔也仅仅是卢梭的榜样而不是现实。

(四) 道德教育效力领域的考察

人们普遍认为，学校道德教育效力不高。显然，这个说法假定，学校道德教育的效力是可以提高的。但这个假定是存在问题的，就效力是指通过教育使人言行合乎道德而言，至少我们需要证明所有的道德教育领域（内容和方式）都存在一个效力可以提高的问题。从逻辑上看，如果学校道德教育的效力是可以提高的，那么它必定存在一个规律，否则我们不可能按照理性的教育规划提高道德教育的效力，但是我们很难找到一条道德教育有效性的普遍规律。如果某些道德教育的效力提高是偶然性的东西，理性无法控制得以提高，那么，我们就有理由相信，道德教育在某些领域内的效力永远是低效的。

事实上，道德教育的效力范围可以从两个方面进行考察。

1. 从道德教育方式上考察。道德教育方式大体上有如下几种，第一种是道德说教。它的问题是，说教者的说教与受教育者的道德行为之间没有必然的逻辑关系。人之所以过上一种道德规范生活，并不是因为理智认为人应当是道德的，而是因为道德生活是一种可以过的生活。普遍的道德说教对受教育者的道德养成或行为可能有偶然的效果，但是我们很难找到一种固定的对所有对象都是有效的说教模式。或许我们应当重新认识道德说教的功能，即它在提高人的道德认知水平上是有效的，但在培养人的道德品性和规范人的道德行为上即便有效力也是偶然的。这也是亚里士多德的德性二分已经指明的，理智可以经由教育培养，而伦理德性则不是理智的训练可以达到的。第二种是体验式的道德教育。它的内涵是为学生提供一个周遭的环境，促进学生自我道德成长。对于学校而言，它主要是通过组织课堂教学，达到道德教育的目的。这种学校道德教育存在一个效力提高的问题，但它的范围也仅限于如何提供一个良好的周遭环境，即如何组织课堂教学，使其更好地适应学生生活、适应社会，从而更好地培育起学生基本的道德品质。比如在相互的合作中学会尊重他人。第三种是情感式的道德教育。它承认道德的情感特征，着眼于制造某种情感气氛，以

❖ 道德可教的涵义与方式 ❖

声音、语言、文字、图像等形式叙述道德故事、道德寓言，再现道德场景，激发人心中的道德情感。比如通过播放受灾现场影像，唤起人们的同情心，达到教育的目的。这种教育的效力取决于情感教育是否能够触及人的灵魂深处，由于人的情感存在重大差异，因此道德情感教育的效力存在很大的偶然性，理性无法找到可以控制的规律。第四种是道德辩论式教育。它主要通过设置道德情景，开展道德辩论，提高道德认知水平。它是道德教育产生效力的前提。第五种是道德表扬和道德惩罚教育。它主要通过奖励与惩罚的手段，彰显善、抑制恶，引导和规范人们的道德行为。这是道德教育中最为理性的部分。但是它有一个前提，即道德价值明确、道德行为规范具体。只有在这个前提下，道德奖惩才有依据。因此，社会彰显的道德价值和道德规范需要合乎人性，符合大众的道德需要。道德奖励的效力也存在一个负效应问题，因为它可能引发人的道德功利化，为了奖励而道德；当激励诱因缺失时，个体是否还"道德"就存在不同情况。道德惩罚的根本目的是抑制人向恶。它虽然不能引导人走向崇高，但可以防止集体的道德腐败。所以，道德奖惩的功效确定为抑制恶最为稳当。当然，道德奖惩有一个技术性问题，主要指掌握人的心理变化特点因人、因时施教，虽然很难把这个技术问题路线化，但总体上说，道德奖惩作为一种强制性的规范教育手段在抑制集体的道德腐败上还是有成效的。从积极的方面看，道德教育通过奖惩手段可以固化学生的行为，强制学生遵守特定的行为规范，养成行为习惯，从而达到道德教育的目的。这事实上是亚里士多德所说的习惯对伦理德性的养成作用。

2. 从道德教育对象或内容上考察。道德是关乎人道的东西，用反人道的东西来教育人必定是无效的。但人又是分类的，比如少数人和大众。因此，道德教育也必定有一个对象问题，实际上即是道德教育的目标定位问题。根据施特劳斯学派的解读，柏拉图的《理想国》作为一种对话体的戏剧，始终安排了两种声音，一种是大众的声音，一种是哲人的声音。哲人要过哲学生活，大众要过政治生活，不同的生活必然有不同的道德要求，因而哲人的教育有别于大众的教育。卢梭在《山中书简》中说，"至于爱弥尔，它是一种新的教育体系——我以此为智者们的研究提供方案，而不是一种给父母亲们使用的方

第四章 道德可教的三重意蕴及其低效性存在

法——我从未想过这种事"①。爱弥尔的教育绝对不是说给大众听的，爱弥尔既需要有合乎大众的道德，同时又必须超越大众道德，在人道的范围内最大限度地朝向自然状态。卢梭的爱弥尔的道德形象设计就试图综合这样的两种道德。爱弥尔的道德教育也就不同于大众的道德教育。

所谓道德，当然是人的道德，但人道既可能是规范的生活，也可能是超越规范的生活。人既遵守规范，又总是超越规范，因此，道德教育与社会要培养有什么样道德的人是密切相关的。培养目标不同，道德教育的效力必然不同。古典作家的道德设计崇尚德性卓越教育，尽管他们相信这个具有很大的偶然性，但他们认为人性需要确立这种最高可能性。而现代性思想家更愿意降低道德目标，比如霍布斯，他把道德奠基在以恐惧和自利为核心的激情之上，试图给道德找到一个稳妥的基点，并希望和相信这样的制度能够为现代人带来普遍的幸福。亚当·斯密同样也相信古典德性社会的美好，但觉得自利的商业社会更能带来普遍的幸福。这就是现代道德的命运，它需要有大众的道德，并不得不降低道德目标，建立以规范为主的道德体系，为大众社会的普遍成功奠定基础。无疑，就效力而言，现代思想家的道德社会设计更具效力。基于此种道德设计下的教育也就更具效力。

就道德教育内容而言，大体上有三种层次的道德教育，一种是针对大众的以规范教育为主的道德教育，另一种是走向人性卓越的道德教育，还有一种是超乎人性的道德教育。后一种显然是无效的教育。规范教育是现代社会的安排，是现代道德教育的主要内涵。古典道德教育指向人性卓越的教育，它相信人性卓越的偶然性与可能性，因此没有把它变成大众的现实；现代作家则建立起以规范为主的道德教育体系。我们的道德教育则把两种都变成了大众的道德教育现实，把人性卓越的偶然性推向大众。一种理性的教育规划面对道德行为的偶然性必然是低效的，甚至是失败的。所以，道德教育在面向大众的以规范为主的教育时是可以提高效力的，而在面对偶然的德性时就是低效的。当然，道德规范教育也会因为道德规范自身的冲突而面临困境，

---

① 施特劳斯："论卢梭的意图"，冯克利译，载刘小枫编：《苏格拉底问题与现代性》，华夏出版社2008年版，第80页。

❖ 道德可教的涵义与方式 ❖

而且还会因为规范的抽象性而无法适应具体的道德情境,所以规范总是从属于人道。公共教育有两种相互矛盾的功能,既要使人变成社会的人又要使人免于社会的影响。[①] 卢梭对爱弥尔的教育塑造集中体现了这对矛盾。卢梭作为一个伟大的思想家深刻地展示了这种矛盾,并以走向社会的但又在人道范围内最大限度地返回自然状态作为解决这对矛盾的答案。道德与规范也是这样,道德总是人道的,而规范则可能与道德相违背。然而,公共教育必定是以培养合格的公民作为基点的,道德教育的效力提高也正是在这个基点上,也即是说,以规范教育作为主要内容存在一个效力提高的问题。而人性卓越的德性教育因为它的偶然性,必然永远是低效的,换句话说,它不应当以效力作为目标。

道德教育由于道德行为的非理性特征及教育的偶然性,总是存在某些低效的领域或范围,从学校道德教育方式来看,它包括道德说教、道德情感教育;从教育内容或对象来看,它主要指超越大众的德性卓越教育。在这些领域,道德教育不应当以效力作为目标。但是,学校道德教育低效性的存在并不意味着我们就可以在这些领域放弃道德教育,我们需要改变的是,对它的功能重新定位、更准确地设定它的目标或者改变教育方式,从而防止教育的泛化带来的负面效应。比如道德说教,虽然它不可能一定带来正确的道德行动,但它仍然可能是道德行动的前提;比如道德情感教育,我们也无法把握它的有效性规律,但至少我们可以提供某种周遭的环境,比如德性卓越教育或者说道德理想教育,虽然无法保证通过教育把人们引向崇高的道德,但也不能因此而放弃。对这些只能产生偶然性结果的教育内容和方式,既不能因为偶然性而放弃,也不能把它泛化。我们需要重新设定它的功能。又比如道德说教,应当是定位于提高人的道德认知水平,而不能是定位于通过道德说教产生相应的道德行动。正如亚里士多德对德性的两分,理智德性是可教的,而伦理德性则是风俗习惯的产物。

再者,学校道德教育有它的效力提高领域。从道德教育方式来看,体验式道德教育和道德奖惩可以成为教育理性规划的重要手段,

---

① 安塞尔-皮尔逊:《尼采反卢梭:尼采的道德政治思想研究》,宗成河译,华夏出版社2005年版,第83页。

第四章　道德可教的三重意蕴及其低效性存在

它的作用表现为，一是为学生提供良好的周遭环境，对于学校而言，重要的是改变课堂教学组织模式，改变封闭的、知识传授为主的教学模式，让学生在合作、探究中成为道德教育的主体；二是通过道德奖惩手段，强化学生对基本行为规范的遵守，养成遵守行为规范的习惯。当然，如何运用这些手段还需要准确地把握。从教育内容看，道德教育的效力提高应定位于规范教育，但是，需要何种规范也是要重新界定的。方式和内容实际上是统一的，道德奖惩和体验式道德教育一方面是实施强制的手段，另一方面是提供良好的道德环境，两者都是培育学生遵守基本的规范。

学校道德教育是理性的规划，它与道德行为及其教育的偶然性之间存在冲突，为此，我们的学校道德教育应当放弃以达到偶然性的东西为目标，准确地区分道德教育的低效领域和效力可以提高的领域，寻求道德教育的规律，进而找到效力提高的路径，更好地实现学校道德教育的功能。

第五章　学校道德教育的消极进路与作用

人是可能性的存在，既有善端也有恶的倾向。道德教育不能完全依赖于对人的善端的引导，基于恶的抑制或许更为稳健。因此，寻求一种消极的进路是必要的。这不仅是由道德教育现代性问题决定的，而且是由道德可教的内涵决定的。因为道德可教意味着可以提供某种促进道德理解的外在意义结构以及主动地引导对道德的意义的理解和通达，甚至引导人对道德行为的构造，但毕竟不是直接导致人的道德的具体生成。道德教育的消极进路既包含教育内容选择上的消极性，也包含教育机制上的消极性。

一、走向立法教化式的消极进路

（一）立法与法律：一种道德教育及其进路

法律与道德相区别又相互联系。通常认为，道德上不当的行为不一定在法律上不当，而法律上不当的行为一定在道德上不当，也即说，法律是一个社会秩序得以维护的底线，因此可以说，道德是一种比法律更高的要求。我们还通常参照公/私之分来刻画它们的区别：道德归诸良知，依靠个体的精神力量来发挥作用；而法律则归诸正义，依靠国家制度和国家机器的力量。这是它们的区别，也往往为我们所强调。对于它们间的联系，强调得不多。[①] 从两者的联系上看，法律归根结蒂渊源于道德上的信仰——即何为对错、何为善恶，并且

[①] 国外对于法与道德的关系有过深入的讨论，但我们对它似乎认识得不够，我们没有深刻地看到两者之间的联系，由此导致的一个结果是：我们在道德教育上往往关注学校和家庭的空间力量，关注一种非制度化的教化作用，而几乎不重视法律的道德教育功能。

法律（立法与政治制度设计）本身就是一种道德教育。为什么这么说呢？

1. 法的道德性。西方法学界就法律与道德的关系经过了长期的争论，并没有形成一个统一的意见，大体上有两种完全相反的说法。一种是纯粹法学派创始人凯尔森主张的道德与法律相离的观点；另一种是以新自然法学为代表的主张法律与道德相融合的观点。凯尔森认为，法律规范是通过制裁来威胁社会成员，而不是以善意、合理或者合乎道德义务来约束人们，因而法律不需要从道德领域中寻找依据，法律规范的效力与法律是否公正并没有关系。而美国法理学家富勒则认为，法律程序本身就存在着一种内在的道德，并且在法律的解释过程中也贯穿着道德原则；法律的目的与道德的目的是同一的。应当说，法律与道德相融合的观点更具有说服力。

首先，从法的起源看。关于法的起源或形成，国内学界主要从现实利益的冲突、阶级的分化以及特定物质生活条件的最终决定作用等方面来考察，这种考察无疑是根本性的。但是，这种考察存在一个断裂——它忽略了政治社会的道德习俗和习惯或一些不成文法和习惯法。早在原始血缘公社时期，由于人类自我意识的发展，原始的道德意识开始在人们头脑中形成；到了氏族公社时期，人类自身生存的需要以及原始道德意识的发展孕育出禁忌、风俗、习惯等道德规范。这是伦理学比较通行的一个观点。随着生产力的发展，特别是剩余产品的出现，共同体内的矛盾日益加深，原有的道德规范仅仅依靠伦理上的约束力量不足以解决共同体内新出现的矛盾，于是法律出现了。比如，古罗马时期，由于风俗败坏到了可怕的程度，罗马的皇帝们不得不制定一些法律对淫乱行为略加制止。[①] 但是，法的出现并不表明法的规范是一套完全独立于伦理道德规范之外的东西，法的规范不过是原有道德规范的提升——一部分道德规范由于约束力量上的薄弱上升为法的规范。换句话说，法的规范是从道德规范而来的。当然，从道德规范到法的出现经历了一个较长的过程。在原始社会，当共同体的意志为个体所破坏之时，共同体也会寻求自发组织起来的力量实施公

[①] 孟德斯鸠：《论法的精神》（上），孙立坚等译，陕西人民出版社2001年版，第125页。

❖ __道德可教的涵义与方式__ ❖

共的"判决";在私人领域,个体也会寻求适当的中间人解决个体纠纷。再往后,氏族社会发展出某种固定的公共权力机构以应对冲突。所以,有人把法的起源过程概括为习惯—不成文的习惯法—成文的习惯法(习惯法汇编)—国家法。① 这样一个演变过程表明,法源于道德。比如,中国古代法中的"三纲五常"、现行宪法中的"五爱"不都是体现了某种道德原则吗?

其次,立法者在制定法律时总是带有自身的伦理道德观念。立法者在进行立法活动时尽管带有自身阶级的道德立场,但也不得不从被共同体认可的道德规范中汲取伦理资源,否则,制定出来的法律规范就难以在大众中获得道德上的认同。比如,在古罗马时期,由于他们的道德风尚一度非常纯洁高尚,也就没有惩办侵吞公款的专门法律,所以在有人侵占公款时被罚以归还赃款时,一般人还认为过于严厉。② 这种情况表明,立法活动与道德风尚是保持一致的。还比如,罗马的法律允许在结婚之前自由互相馈赠,结婚之后则不允许,这也是依据罗马人的道德风尚而制定的。③ 法官在进行司法活动时也同样带有自身的道德观念。在英美一些国家的法律诉讼过程中,道德不可避免地在法官的头脑中起着重要作用——不仅是法官的法律概念本身包含着社会的道德观念,而且法官在解释法律用语或适用法律条文时都需要考虑到社会承认的道德原则。

最后,立法归根结底渊源于道德上的信仰。法与道德的关系发端于古希腊智者派关于自然法与人为法关系的争论。虽然哲人们对此问题争论不休,但都追求一种完美的、正义的、合人性的法律。苏格拉底被雅典城邦判为死刑,本可以有办法逃过一死,但苏格拉底毅然服从了宣判,这似乎表明苏格拉底是一个守法公民的楷模,但实际上苏格拉底选择一死表明了哲学生活优于政治生活。所以,苏格拉底守法的背后隐藏着他对美德(美好生活)的追求。柏拉图《理想国》中对样板城邦的探讨表明,良好的政体、政治制度的设计及法律都着眼

---

① 胡旭晟:"论法律源于道德",载《法制与社会发展》,1994 年第 4 期。
② 孟德斯鸠:《论法的精神》(上),孙立坚等译,陕西人民出版社 2001 年版,第 360 页。
③ 同上书,第 361 页。

于德性。一个正义城邦的建立为的是实现美好生活,而一个正义的城邦就是一个德性的城邦——即各司其职,各自坚守自身德性的城邦。如果说《理想国》还只是体现了美好政制设立在道德上的总原则,那么《法义》则具体展现了立法和政治制度设计如何朝向美德的考虑。《法义》中的雅典人认为,立法的目的在于一种社会体系的道德价值,即应该是为了"社会的至善";立法者在制定法律时应反复追问自己是否达到了自身的意图和目的,这个目的就是让人民获得最大的幸福和相互忠诚;立法应该朝向整体的美德。① 亚里士多德继承了柏拉图关于道德正义是法律正义的基础的思想,将法律正义的内容确定为政治权利的平等分配及政治制度建设上的中庸原则。继亚里士多德之后,罗马法和中世纪神学中的自然法和神法都是用道德原则影响与判定实在法的善与恶。

从逻辑上看,法的领域大致可以分为两个领域:一为法的价值领域,一为法的规范领域。富勒认为,这两个领域都可以表明法与道德紧密相联。富勒把道德划分为两种,一为向往的道德(morality of aspiration),一为义务的道德(morality of duty)。所谓向往的道德是指一种对"美好生活"和"至善"的追求,是关于幸福生活及人类趋于完美境界的道德;而义务的道德是有序社会存在的必要也是最低的条件,它规定了一些基本的行为规范要求人们必须遵守,否则就予以惩罚和谴责,它常常以否定的形式表述为"不应当"②。富勒的两类道德倒是类似于古典意义上的美德和现代的道德规范,如此的话,所谓向往的道德在现代社会恐怕无法存在了,不过,作为一种愿望确实可以当作法律的道德信仰。事实上,富勒正是这样看的,他把向往的道德看作是整个法律体系的价值取向和追求的目标,而把义务的道德视作更接近于法律——比如道德上的"不准偷盗"、"不准杀人"等行为规范也是法律上的行为规范。由此,富勒将道德内化为法律本身的性质、目的和技术的要求。

以刑法来说,法律条文对每一违法犯罪行为的规定与惩罚不都是

---

① 柏拉图:《法义》,《柏拉图全集》,王晓朝译,人民出版社2003年版,707d,743d,630-631。

② 富勒:《法律的道德性》,郑戈译,商务印书馆2005年版,第5-6页。

❖ 道德可教的涵义与方式 ❖

从反面强调相应的伦理道德价值吗？安乐死之所以难以合法化，就在于其背后体现了深刻的生命伦理要求。以民商法来说，自由市场中的公平交易等法则多半都是体现了公平公正、诚实守信等道德原则。诚然，法律中大量的技术规范并不直接反映某种道德原则，甚至还与道德原则相抵触，因为程序上的公正有时与目的上的公正相冲突，或者如韦伯所说的，形式合理性并不与价值合理性相一致。但是，总体上说，立法的精神必定体现了某种伦理与道德原则。

2. 立法本身就是一种道德教育。首先，从法与道德的关系看，法与道德是紧密相联的——这种相联表明立法总是归诸某种道德上的信仰，立法的精神体现某种道德原则。法的背后既然总是隐藏着某种道德观念和道德原则，那么，立法的实质实际上就是要彰显某种道德价值，抑制某种破坏现行的公认的道德价值的行为。德与法其实是同一个层次上的并列关系，当然在如何治理社会上还存在着一个次序问题，即是德优先还是法优先的问题。德优先并非是说法不重要，而是说立法应着重于彰显良好的道德价值；而法优先是说立法应从否定的意义上抑制不道德的行为（法的规范主要针对违犯行为）。

其次，立法的动机在于把社会控制在有序的道德秩序内。这个有序的道德秩序实际上指一种最低限度的道德秩序。不过，立法的这种动机在不同的历史社会有不同的内涵。从西方古代社会看，立法的动机在于追求某种"至善"——即希望通过立法引导人们朝向美德或美好生活。柏拉图的《理想国》对美好城邦的探索以及《法义》中对立法原则的阐释就赋予了立法以一种良好的道德追求。亚里士多德虽然不赞成苏格拉底的政治共同体，但他对政体的设计同样体现了立法的德性目标。他说，城邦共同体不是为了战争的行为，也不是为了城邦经济发展的行为，而是必须关注德性问题，"政治共同体的确立应以高尚的行为为目标，而不是单单为了共同的生活"①。在现代性社会中，立法的动机在于追求正义或自由。自由是西方资本主义国家始终追求的价值，其间间或有平等的价值关怀。罗尔斯的《正义论》和德沃金的《自由的法》就充分反映了西方国家的立法在价值追求

---

① 亚里士多德：《政治学》，颜一，秦典华译，中国人民大学出版社2003年版，1281a。

上的根本分歧。这是因为西方现代性自马基雅维利和霍布斯以来用权利完全颠覆了古典德性，把根本的道德事实变成了一种权利，用相互的承认代替了"何为美好"的问题，因此，现代性必然是一种价值上的虚无，或者说是各种价值的共存，故而现代性的立法动机在道德原则上会出现分歧。也因此，现代性的立法动机不再是追求美好，而是追求次要的或相对的美好，即立法不再主要以肯定的形式倡导何种道德，而是主要以否定的形式抑制不道德的行为（违法的不道德行为）。所以，古代与现代的立法动机虽然在总体上可以说是维护最低限度的道德秩序，但内涵大相径庭。

再次，立法和法律本身就是一种教化活动①，并且，法律首先应该重视它的教化作用。亚里士多德把德性分为智慧德性和伦理德性，并且他认为伦理德性既非出乎本性也非反乎本性而生成，而是通过风俗习惯沿袭而来，并通过习惯而达到圆满。② 而习惯主要是通过法律的强制而培养起来的，因为多数人都习惯于强制。正是基于这种认识，亚里士多德在论及法律的作用时明确指出，法律既有规范、惩戒的功能，又具有培养人们良好习惯和美德的作用；要想改良市民，既需要哲学或习俗，也需要法律。③ 如果法律不对人们提供足够的教育，人类的欲望就无法得以平均，那么，即使平均了财产和保持财产数量适中，也难以达到中庸。④ 在他看来，是否具有教化作用或能否培养出良民是判定法制好坏的标准，所谓优良法制的一层含义是公民恪守业已颁订的法律，另一层含义是公民心甘情愿遵从的法律是制定良好得体的法律。⑤ 亚里士多德甚至认为，立法者的专门任务就是培

---

① 法律与教化的关系尚未引起更多的研究，目前的研究见周赟："法律与教化——从儒家的教化理念吁归法治工程中的教化"，载《太平洋学报》，2008年第1期。

② 亚里士多德：《尼各马科伦理学》，1103a。

③ 亚里士多德：《政治学》，颜一，秦典华译，中国人民大学出版社，2003年版，1263b。

④ 同上书，1266b。

⑤ 同上书，1294a。

❖ __道德可教的涵义与方式__ ❖

养人们的仁厚精神,造就能够实现城邦善的人。① 亚里士多德还只是从立法和法律的目标——即朝向整体的美德——来论及法律的教化作用,也还只是从法律的强制性方面(通过法律的强制作用养成人们的习惯)来理解它的教化作用,而没有从立法和法律本身的说服功能来理解法律的教化作用。亚里士多德的老师柏拉图正是从后一意义上理解的。柏拉图《法义》中的三位老人的对话强调了立法和法律的说服技艺。"所有的立法者似乎都没有认识到,在立法的事情上,我们拥有两种方法,即说服和强制。"②《法义》把只注意强制而忽视说服的立法技艺看成是类似于只注重开处方而不向病人说清病情的医生,因此它强调,立法者应是"医治的立法者",而立法应在具体的法律条文之前有一个说服性的绪论,以便人们更好地遵守法律。在《法义》那里,说服对于法律而言其实并不是一个方式的问题——并不是我们通常的法制宣传形式③,而是一个目的,即"法律本身的作用乃在于,或者通过说服,或者通过力量和正义来惩罚那些不听从说服的人,以便使我们的城邦在诸神的喜乐中获得幸福和富裕"。④ 可以这样说,柏拉图的《法义》就是立法教化的典范,而他的《理想国》则是教育者(或整个城邦)进行道德教育的典范。据此可以认为,柏拉图早就看到了道德教育的两种形式、两种技艺。无独有偶,英国的弗格森似乎也看到了道德教育的两种形式。弗格森的《道德哲学原理》的结构编排颇为令人寻味,除了讲述通常意义上的道德法则之外,还专列一篇讲述法的规范,甚至谈到了政治体制对道德的教化意义。这分明是告诉我们,立法和法律以及政治制度都具有无声的教化作用。

---

① 亚里士多德:《政治学》,颜一、秦典华译,中国人民大学出版社,2003年版,1263a。

② 柏拉图:《法义》,722b。

③ 我们通常的法制宣传是基本法律知识的宣传,其实是告诉人们法律的种类、什么行为是违法的等知识,而没有告之法律背后的精神和道德原则;并且,是由法律宣传员来向人们进行法制教育,并非是一种理性的说服性工作。《法义》强调的是法律本身就应具有说服的理论而不是干巴巴的条文。

④ 布舒奇:《〈法义〉导读》,谭立铸译,华夏出版社2006年版,第31页。

◈ 第五章 学校道德教育的消极进路与作用 ◈

不管是说服还是强制，法律本身确实具有一种教化功能，通过这种教化把社会控制在合理的道德秩序内，而不至于使整个社会走向道德败坏。立法和法律与教化之间的关系的理论在孟德斯鸠那里得到继承。孟德斯鸠在谈到日本的法律时指出，日本的法律正是由于过于严厉才显得相当的脆弱，所以，明智的立法者应通过恰当的奖惩方式，通过相应的哲学观念、道德和宗教箴言，通过荣誉法规的公正运用，通过羞辱性的刑罚教育人民。① 不过，孟德斯鸠并没有系统地阐述立法、法律的教化意义。

最后，政治制度的设计也具有道德教化作用。政治制度的设计本身也是一种立法活动，这里特别把它单独提出来，是从区别于法的条文的角度考虑的。柏拉图和亚里士多德对政体都有过很多的探讨。在柏拉图那里，哲人王统治的贵族政体最利于保持城邦的德性，而僭主制则可能败坏人的德性。亚里士多德认为，中产阶级执政的政体是最好的政体，因为它可以保持中庸——德性就是中间性，中庸就是德性，是最高的善和极端的美。② 而僭主制可导致在公民间制造不信任；使公民们无力举事；使公民们心志狭窄。③ 柏拉图和亚里士多德对政体的划分主要依据的是执政人数的多寡以及贫富，因此他们还没有涉及到具体的政治制度设计问题。

现代性思想家对政治制度的设计不像古典学说那样把目标定得过高，在道德上追求至善和高尚品格，而是把大多数人们在实际生活中追求的目标作为政治的目标。权利、自由、平等成为现代政治制度设计极为重要的价值基础。洛克的有限政府论、孟德斯鸠的三权分立学说、联邦党人的共和主义思想成为美国制宪的重要指导思想。基本遵循这些启蒙思想建立起来的政治制度虽然在道德上不再追求至善或高尚的境界，虽然把道德目标降到最低，把道德事实变成一种权利，但

---

① 孟德斯鸠：《论法的精神》（上），孙立坚等译，陕西人民出版社2001年版，第101页。

② 亚里士多德：《尼各马科伦理学》，苗力田译，中国人民大学出版社2003年版，1107a。

③ 亚里士多德：《政治学》，颜一，秦典华译，中国人民大学出版社2003年版，1314a。

❖ __道德可教的涵义与方式__ ❖

是，它仍然具有重大的现实价值，仍然在道德教化上成就不凡——它较好地防止了道德上的极端腐败（权力腐败），并且培育起了人们的守约、诚实等道德品性。可以说，现代政治制度虽然在道德教化上没有培育起至善，但至少较好地阻止了至恶。换句话说，现代政治制度在道德教化上虽然没有也不想培育什么"好人"，但至少是教育人们不要成为"坏蛋"。

立法与法律承担着一种教化功能，这是一种事实，但是否强调它的意义是不一样的。如果强调立法和法律的教化意义，那么在立法工作上就需要注意法的伦理学和道德性，使法律更多地符合伦理和道德秩序，而不是更多地关注法的强制性和惩罚性，从而更好地改进法律和制度，充分发挥法的教化意义。古代思想家特别强调法的教化意义的原因在于他们强调立法目标的美德朝向，而现代性已经降低了立法的目标，把立法的目标降到道德上的最低——从美德朝向转到道德规范的朝向。但即便是最低的道德目标，现代性的立法仍然是一种有效的道德教化。洛克有一句话讲得很好，他说，"法律按其真正的含义而言与其说是限制还不如说是指导一个自由而有智慧的人去追求他的正当利益"①。洛克这句话本意是说法律不是限制自由而是保护和扩大自由，但从另一个侧面看，它极为精确地概括出了现代性立法的道德教化的目标、境界。

3. 西方立法教化的进路。西方国家在立法、政治制度及社会制度的设计上都有一个人性预设，其中最重要的预设是性恶论。但凡主张法的重要性的思想家无不把法与人性恶联系起来，性恶论因而成为西方国家法治与政治制度设计的前提性基础。

柏拉图在《理想国》中主张人性善，认为良好的城邦应该由最完美德性的人来治理，因此无需要法律。柏拉图在人性问题上实际上并没有明确提出人性善或恶，② 他主要是从灵魂的三个部分——理

---

① 洛克：《政府论》（下），叶启芳，瞿菊农译，商务印书馆1964年版，第35-36页。

② 从灵魂构成看，倘若灵魂为欲望所控制，则人性必为恶，如若欲望受到理智所控制和引导，则人性为善；从自然等级秩序看，灵魂卓越或品质高尚之人的人性为善，灵魂低劣之人的人性为恶。

智、激情与欲望——谈论人性问题，他认为灵魂中的欲望可以经由引导达到"至善"，但显然这不过是柏拉图不得不说出的谎言，因为人性能否达到完美，他也不敢肯定。在其晚期著作《法义》中，柏拉图谈论的立法问题已经不像《理想国》中针对的样板城邦，而是针对现实城邦。现实城邦中，人性光靠灵魂的引导还是不够的，需要由法律加以引导，尽管法律需要着眼于整体的美德。柏拉图的学生亚里士多德则从现实城邦考虑，认为人是谋求自己利益的（著名的"公地灾难"即可说明），人是不完善的；大多数人仅仅是为了满足自身的欲望而活着，而人的贪欲是无止境的。① 中世纪的法律思想明确地提出了人性恶的论点。基督教《旧约·创世记》说得很清楚，人原本在天堂上是善的，是过着好生活的，但由于人的原罪——人的堕落性和人性之恶导致人过着世俗的苦日子。基督教的性恶论极大地影响了现代性思想家对人性的认识以及基于此之上的制度安排的考虑。马基雅维利、霍布斯、亚当·斯密、休谟、洛克、斯宾诺莎、卢梭、孟德斯鸠、潘恩等现代性思想家无一不是基于人性恶的论点来考虑法律和政治制度设计的。休谟在政治制度设计时提出了一个著名的人性预设原则——"无赖原则"，即"在他的全部行动中，除了谋求自己的私利外，别无其他目的"②，所以在政治制度设计时需要把人人看成无赖。对政府的限制和权力的制衡无不把人看成是自私、趋利避害之徒。美国启蒙思想家潘恩一语道破政府的起源与目的："社会是由我们的欲望产生的，政府是由我们的邪恶产生的。……后者的目的则是制止我们的恶行，从而消极地增进我们的幸福。"③

简要地回顾一下西方在立法与政治制度设计时的人性预设的历史，便于我们比较一下柏拉图和现代性思想家在立法教化上的进路的差异。其差异性大致表现为如下三个层面：

从形式上看，柏拉图注重立法和法律在教化上的引导作用，通过

---

① 亚里士多德：《政治学》，颜一，秦典华译，中国人民大学出版社2003年版，1267b。

② 引自埃尔金等编：《新宪政论》，周叶谦译，北京三联书店1997年版，第27—28页。

③ 潘恩：《常识》，何实译，华夏出版社2004年版，第2页。

❖ __道德可教的涵义与方式__ ❖

立法和法律的说服和强制把人引向至善和灵魂的高尚；现代性立法和法律在教化上虽然也有引导之意涵，但主要是注重法的抑制功能。所以从形式上看，柏拉图的立法教化是一种肯定的、主动的进路，而现代立法教化则是一种否定的、消极的进路。

从目标上看，柏拉图的立法教化的目标是人的至善和完美，而现代性思想家由于相信人性虽然有善的一面但更多的是恶，因此不再相信也不愿相信灵魂的至善，为了建构一个相对美好的社会，他们不得不降低道德的目标，因而现代立法教化的目标被定位在最低限度的道德上——即基于人性恶假设基础上的与人性自利、自保相适应的道德。①

从内容上看，柏拉图的立法教化着眼于美德，而现代性思想家的立法教化不再着眼于美德或人的灵魂的卓越性，而是着眼于所谓的道德规范的遵守上或一些道德品性的养成上。

(二) 学校道德教育的消极进路

从以上比较可知，现代性立法的教化基于人性恶之假设的基础上，以一种消极的进路教化人；其目标不是使人更道德，而是教育人不要不道德。立法、法律和政治制度对社会道德具有消极性的或否定性的教化作用，但法律对道德而言是个底线，或者说，仅仅是法律还不足以建立起良好的社会秩序。人的内心自我约束和相互的道德约束对于良好社会秩序的建立起着非常重要的作用。但道德是引导人的卓越还是约束人的基本道德规范行为，是一个需要考虑的问题，或者说，道德教育是采取肯定性的进路还是否定性和消极性进路也需要探讨。道德与法律的重要区别在于其约束机制的不同以及相应的约束内容上的差异，凡是法律所要求人约束和禁止的行为必定是为道德所反对的，所以，对社会而言，法律给道德留下了很大的空间。社会如果

---

① 所谓最低限度的道德，并不意味着道德可以区别出高低，而是从人性善与恶两个层面上说的。如果相信人性善，则"道德"的内容和范围必定扩大；反之，如果相信人性恶，则"道德"的内容和范围则必定缩小。因此，在现代性思想家那里，最低限度的道德是指一种基于人性恶的考虑、适合人性需求的道德，而把那些抬高人性的"道德"排除出去。

第五章 学校道德教育的消极进路与作用

完全由法律来确立和处理冲突，必然显得很紧张。道德的作用就是给人的行动和社会留下弹性空间，这是符合人性的倾向的。人性总是存在可能性，既可能有善之卓越，又可能有恶之失范。因此，道德本身也是弹性的，它存在两端可能，即不道德和合乎道德。道德教育从方式上看，也应当是弹性的，既可以采取劝说等方式引导人的道德卓越，也可以通过惩戒等机制阻止人的不道德行为。所谓消极的进路就是指后一种。

那么，道德教育的消极进路的内涵是什么呢？即在教育方式和教育内容选择上应当有什么特殊的要求呢？

1. 消极进路下的道德教化。教化有三种情况，除了立法教化之外，还有宗教教化以及通常所说的道德教化。但这三种教化在进路或技艺上是很不相同的。立法教化和宗教教化都有明确的制度规范，但立法教化主要依赖制度的力量，而宗教教化依赖于人们对它的信仰。孟德斯鸠说过，"宗教的主要力量来自人们对它的信仰，而人的法律的力量则来自人们对它的恐惧"[①]。因此，立法教化的技艺主要是训诫，而宗教教化的技艺多为劝说——实际是一种谎言的劝说。如孟德斯鸠所说，"人类制定法律是为了同精神对话，因此应该是训诫而不是劝说；而宗教是为了同心灵对话，应多一些劝说而少一些训诫"[②]。宗教设立规矩如同道德规范一样，不是为了好而是为了更好，不是为了善而是为了至善。道德教育既不同于立法教化也不同于宗教教化。道德教育无法像宗教教化那样完全依赖于人们对它的信仰，但又同宗教教化一样主要依赖于劝说，这就是道德教育的困境。从教化的方式上看，既有肯定性的教化，也有否定性的教化。立法教化和宗教教化都包含肯定性和否定性的内容，道德教化也一样。但道德教化的效力不如立法教化和宗教教化，因此，在方式选择上应当找到适合自己的特色，即主要以一种否定的进路进行，同时多采取道德选择教育。当然，道德教育也可以如宗教教化一般把人们的某些道德观念上升到信仰。选择何种道德观念并上升到道德信仰，要考虑到两个问题，一是

---

① 孟德斯鸠：《论法的精神》（下），孙立坚等译，陕西人民出版社2001年版，第556页。

② 同上书，第523页。

◆ 道德可教的涵义与方式 ◆

道德观念的选择必须具有普遍性并能够获得人们的广泛认同；二是必须着眼于道德的低处，即某种基本的道德观念。当代社会是个多元价值时代，人们思想活跃，各种价值观并存，建立一个符合时代特点的道德价值体系是必要的，但最重要的是建立起基本的道德信条。我们不乏核心价值观，但它们只有获得人们的普遍认同，尤其需要根深蒂固的认同，才能获得生命力。为此，核心价值观需要生活化和中国化。在步入现代性的进程中，强调公共生活的道德准则是必要的，是符合中国建立理性规则社会的需要，但中国同时是一个情感的社会，私域道德同样在社会中获得尊重和强调。因此，整理传统道德文化资源，建立公私领域的基本道德信条对未来中国的道德教育都有重要意义。

2. 消极进路下的道德惩戒。对学校采取道德教育的消极进路而言，道德惩戒无疑非常重要。道德本身就是通过良心和人内心的羞惭发挥作用，因此，道德本身存在一个社会的惩戒环境。人的内心羞惭本身就是来源于人对他者的观察，即是从他人的关系中反观和内省自身。但是，如果这种环境的东西缺失，或者说整个社会丧失掉某种基本的道德价值观和信条，或者为利益欲望所驱动而泯灭基本道德信条时，道德本身所具有的内省和反观的力量就必然微不足道。因此，建立起适当的道德惩戒机制是必要的。通过制度建构，比如建立道德诚信制度，对学生的道德行为进行监督和经常性的测量，增大道德风险成本，减少道德机会主义，规约失范行为。如果我们很难从正面获得道德教育的高效力，不妨转变思路，通过建立道德惩戒机制，提高道德教育的有效性。

二、学校道德教育的功能作用转变

道德的真正内涵既不在于社会外在的规范，也不在于内心的规范，而在于超越规范达到人性的卓越，但是这种人性之卓越的获得只是一种偶然，并没有什么规律可遵循。尽管如此，美德教育仍然是需要的。不过，美德已经不是古典德性论意义上的美德，而是一种现代的社会美德。同时，由于道德规范的普遍性无法指导个体偶然的道德情境下的行动，因此，所谓道德规范的讲授也只能是提供一种参照；

第五章　学校道德教育的消极进路与作用

要使道德规范转化为个体内心的自由把握，学校道德教育可做的事是进行道德选择的教育以及提供一种道德体验。此外，道德品性教育可以成为学校教育的重要内容，但其教育进路也需要改变。一句话，道德教育虽然存在必然的低效，但学校道德教育仍然是大有可为的，应当发挥好自己的功能和作用。

1. 社会美德教育仍然是需要的。在现代社会中，法律成为维系社会存在的最低条件，而道德和宗教则把人提升到最高的境界。在古希腊时代，德性是个体所能达到的最高的做人境界，但对于城邦而言，德性又是维护政治稳定的最低条件。对于苏格拉底来说，美德教育就是要让人看到人性的有限性，并且在对话中获知什么是好的生活。至于达到完美的德性，那是少数人才能做到的境界。我们的道德教育中不乏"做一个道德高尚的人"的教导。所谓"大公无私"、"先人后己"、"勇于献身"，都是一些无力的劝导或者口号，对于道德教育来说无所裨益。

尽管在现代性条件下学校已经难以承担培养人的灵魂崇高的重任，但培养真正的"道德人"仍然还是现代学校道德教育的核心目标。然而，牢记学校道德教育的核心目标并不反对道德教育的思维与路径的转变。比如，把美德教育转化为一种关照自身灵魂的教育和德性品性的养成教育。灵魂的关照不等于灵魂的高尚，不等于"大公无私"。我们的道德美好教育就是要让学生学会关照自身灵魂，认识到人性的有限性与缺陷，并努力改进之。这样说并不表明，学校要把学生从"洞穴"之中引到"洞穴"之外，从世俗的大众生活引到灵魂卓越所追求的智慧生活。学校道德教育的任务或目标的意义和价值并不在于把学生培养成什么样的美德的人，也就是说，并不在于目标本身，而在于目标的前进过程。有的人正义、勇敢、大气、宽容，有的人不正义、懦弱、小气度、斤斤计较、小肚鸡肠。生活就是这样。学校不可能把所有人都培养成具有各种美德的人。如果一个小气的人变得大气一点，一个懦弱的人变得勇敢一点，一个斤斤计较的和小肚鸡肠的人变得宽容一点，那就是学校美德教育的最大贡献。

开展道德品性教育是学校道德教育的一项长期任务。建立制度与文化是学校开展道德品性教育的重要机制。但在这种机制下开展道德品性教育需要转变思路。这个思路就是，由于历史或者环境是变化的

❖ 道德可教的涵义与方式 ❖

和具体的,而不是一成不变的,而人性则是永恒的——尽管它在不同历史阶段或突显或隐蔽,因此,道德品性教育不应建立在历史之上,而是应建立在人性分析的基础之上,特别是要建立在对人性恶的认识之上,进而以一种否定进路的思维开展道德教育,即道德品性教育不应该更多地关注彰扬什么样的道德善,而更重要的是关注惩戒什么样的恶。

2. 道德选择教育应成为学校道德教育的重要内容。从道德可教的内涵看,学校道德教育首先是要增进人对世界的认识和理解,包括增进对道德规范的理解,而不是用规范来教化人。特别是,规范是一种普遍性的要求,总是体现为具体情境下的规范,或者说,普遍的规范总是存在很多解释。因此,学校道德教育要提供道德选择教育。道德选择教育的目的在于,学校提高学生的道德判断能力,提高学生对美德的识别能力进而为学生的道德选择做准备。但是这样做的目的并不应着眼于促使学生更加道德或具有美德,而是让他们知道何为道德上的对错与好坏,进而为提高道德反省与谴责能力以及为学生的道德选择提供知识上的准备。

道德规范知识是一种实践中的道德行动知识,非纯理论的知识。纯理论的知识如勾股定理,只要求学生理解并用以解决理论问题,当然也可以解决实际生活的问题,但无法解决人的行动问题。再比如康德的物自体理论,它可以提高人们对世界的认识水平,但无法解决人的行动正确与否的问题。应用学科的知识比如自行车修理技术,也只是一种解决实际生活问题的知识,无法解决人的道德行动问题。应用学科的知识一旦为人所掌握,就可以解决人的一些实际问题。但掌握了道德规范知识(假定有明确的、无疑义的、有次序的道德规范知识),人也不一定按照它来行动。反过来说,人们做出了正确的道德行动,也不能完全归结为道德认知的正确,因为道德行为是非理性的。换言之,道德规范知识无法指导人们的道德行动正确性,它不可能像使用手册之类的东西那样可以指导人们如何操作。即便人们对道德规范明确无误,即便没有道德风俗或习惯,人们也不一定按照既定的道德规范来行动,也会违背正确的道德规范,因为人的欲望会干预人的理性行动。这在实际生活中是显而易见的。经常可以看到,一些人做出不道德的行为并非他不晓得道德规范,正如违法的人也并非就是法盲。所以，道德规范知识的讲授是必要的，但无法保证人们实际道德行动的正确性，道德教育的作用是有限的。

上面的那个假定实际上是不存在的。从来就没有明确的、无疑义的、有次序的道德规范知识。善与恶之间也许比较容易区分但却很难选择——人们很容易为相互冲突中的一种善找到正当性理由，同样也很容易为另一种善找到正当性理由。道德选择成为人们生活中经常性的遭遇。道德规范知识的讲授总是就某种基本的、普遍性的东西而言的，而人的道德行动总是在具体的、偶然的场景中，因此，道德规范知识的讲授无法指导偶在的个体作出道德选择。

人既然是偶在的个体，人的道德行动总是面临着具体的、偶然的场景，因此，就不能用基本的、普遍性的道德规范或绝对的道德命令对个体的道德行动发出指示，不能对个体作出应该如何的道德指令。人们选择何种道德生活，在具体道德情景下选择何种行动，都不是一个"应该"的问题，而是一个"可以"或"不可以"的问题。"应该如何"是个事先就假定为正确的东西，它的正当性何在根本就没有得到证实。"应该如何"是一个忽略了个体的具体的、偶然的场景的绝对命令；它假定有一个次序分明的共同善，因此它忽略了善与善之间的矛盾问题；同时它很可能是一个脱离了人性的要求。比如，公共汽车上一伙手持刀棍的歹徒正在实施抢劫，在这种情况下，如何向车上的乘客发出"应该如何"的道德命令？每个人都有生命自保的权利，何以能要求牺牲自己生命保护他人安全，何以能要求人朝向神圣的德性去规范自身。在这种情形下，只能是一个"可以"的问题。乘客可以挺身而出，这是道德的行为；选择保持沉默的不能说是不道德的。再如公共汽车上让座的问题，也难以发出"应该"的命令，因为这也要视自身的身体情况（比如，身体不舒服或感觉很疲劳）或其他情况（比如，提了很多东西）而言，不能一概而论。所以，"应该如何"必须证明其自身的命令合乎普遍性，不能是在甲地方可以在乙地方就行不通，但这种正当性的证明显然是不可能的。

因此，道德生活的问题是个"可以"与"不可以"的问题，因而是个道德判断与道德选择的问题。在"善"的范围内，是个"可以"的问题而不是"应该"的问题。社会、学校都无力要求个体在道德上应该如何。我们社会在树立道德楷模上对这个问题还认识不

❖ 道德可教的涵义与方式 ❖

够，因而收效甚微。一个见义勇为的行动是一个非理性的行动，行为者也并非是为了获得事后的表彰①，其英雄事迹和行为是值得表彰的。但是，表彰的目的是为了在人们面前树立何为善恶的标准，而不是引导人们都向这样的行为学习或者要求人们也应具有这样的德性。其一，见义勇为之类的德性不是通过学习就能获得的；其二，社会或学校也无任何理由和权利要求人们过一种什么样的道德生活，它只能是否定式的要求。道德模范的形象能不能影响周围的人呢？如果有影响的话，也是偶然性的事，取决于被影响者的情况。道德模范人物的影响在一种情况下可能对周边之人发生较大影响，即假定在一个由10人组成的相对封闭的团体中，其中至少有6人以上为公认的道德楷模，这种情况下可能会形成一种强大的情境压力或者道德谴责力，对其他人的道德行为发生影响。一个懦弱的人在勇敢的人群里面可能会慢慢地变得勇敢起来。

　　道德生活是诸多可能的生活，现实生活中充满着各种道德现象以及各种道德选择，因此，道德判断和道德选择在现实道德生活中尤其重要。那么，道德判断和道德选择是不是一种能力？如果没有一个能力问题，就不存在所谓的能力培养问题。所谓道德判断，是指在纷杂的道德现象中区分出善与恶，或者区分各种道德选择的道德价值。显然，道德判断是一种能力。道德选择，是指人们在生活中选择何种道德生活，或者选择何种道德行动。人们在现实生活中作出何种道德选择并不必然与道德判断相对应，也不必然与理性的认知相对应，有了正确的道德判断并不必然出现相应的道德选择，比如，人们都知道见义勇为是道德的，但是不是以后也会选择这样的道德行动呢？显然不是。所以，道德选择虽然有了道德判断作基础，或许还有理性的分析作前提，但人们在现实生活中究竟作出何种道德选择还是一种非理性的行动，是基于心中的血气的行动。人们在道德现象上作出判断也许不是什么难事，但要作出道德选择则要依靠心中情感所激发出来的力量，包括基于理性认知的情感力量。光知道何为对错是不够的，只有在道德判断有了强烈的正义力量作为支撑的条件下才会作出可能的道

---

① 当然，为了获得表彰或更直接的功利而特意去做某种"道德"行为，本身不是真正的道德。但社会不缺乏这样的人。

德选择。因此，道德选择并非是一种能力，也就无所谓能力的培养问题。当然，如果把道德判断作为道德选择的一个构成部分，那么也可以说，道德选择也是一种能力。

道德判断能力的培养在中小学都可以进行。一是就学生生活中的道德现象展开判断力的培养，表扬何种行为与批评何种行为就是一种道德判断力的培养；二是就社会中的道德现象或者文学作品中的道德现象和问题开展辨析教育，这种辨析主要在中学阶段进行，因为中学生基本具备概念上的辨析能力。

3. 学校可以教授道德规范的知识，可以讲授何为美德。儿童在道德发展过程中有一个道德认知的过程。瑞士皮亚杰把儿童的道德意识发展分为四个阶段：自我中心阶段（2—5岁）；他律阶段（6—7岁或8岁）；自律阶段（8—10岁）；公正阶段（10—12岁）。美国心理学家柯尔伯格认为在人的精神发育阶段存在6个道德推理阶段，为此，他提出了"三水平六阶段"道德发展学说，并认为这3种水平、6个阶段是按照不变的顺序由低到高发展的。儿童的道德发展一般要经过：①免受惩罚，服从规则和权威；②为得到奖赏和宠幸而使自己的行为与集体相符；③好孩子意向，愿意维护保持善性的规则和权威；④责任取向，维护整体的利益；⑤遵守规则，认识到规则的善；⑥忠于规则，为自身立法。这两位心理学家的研究表明，儿童的道德发展都经历了一个遵守道德规则的过程，这个过程也就是道德认知的开始。但是，有了道德认知，并不意味着就一定遵守道德规则。例外的情况是，偶然发现，不遵守道德规则却能免于惩罚；虽然意识到不遵守某个道德规则可带来惩罚，但惩罚不重可以忍受；虽然意识到不遵守某个道德规则可带来惩罚，但愿意承受惩罚。出现这些情况的原因在于，儿童或人们的道德认知水平存在高低差异，通常很难达到所谓的公正阶段或为自身立法的程度。

尽管有以上例外的情况，但道德规范还是需要讲授的，因为不知道何为对错好坏，必然无法形成道德上的正确性。道德规范还需要由学校加以讲授，原因在于：①学校教育是家庭教育的继续，家庭教育中的道德规范并没有在儿童心中牢固确立，需要由学校加以进一步在认知上的巩固；②家庭教育中的道德规范并没有在儿童心中明晰化，需要由学校加以进一步地展开概念的分析；③家庭教育中或社会上错

❖ 道德可教的涵义与方式 ❖

误的道德认识或规范，学校需要通过讲授给学生加以辨别。道德规范知识的讲授，就是要告诉学生什么是善、什么是恶，什么是可以做的、什么是不可以做的。

4. 既然一些道德行为是自然情感的流露，那么针对这种情况，道德教育就不应采取知识传授式的教育，而应是情感式的教育。祖国何以值得爱、家乡何以值得爱、父母何以值得爱，都不是可以提出来的问题，换句话说，理性无法回答这些问题。爱祖国、爱家乡、爱父母，是不需要任何理由的。当然，爱国、爱家、爱父母的道德教育，并不排除一些知识的传授，但是知识不应成为爱的理由。知识可以增强个体对国家、家乡和父母的了解，从而激发情感。特别要说明的是，道德教育不同于政治教育。介绍国家的生存状态，增强个体对民族国家的危机感，属于一种政治教育。

何谓情感式的教育呢？它是基于人们心中的自然情感，采取某些形式，激发人们的情感，深化人们的情感。至于采取何种形式，不需要一一列举。比如，一场电影的某个情节、一曲音乐的某个旋律，只要能触动人们心中爱的情愫，就可以是一次成功的道德教育。再如，开展一场体育竞赛或观看体育比赛，都可以激发人们心中的集体感。总之，情感式的教育是一种制造触景生情的教育。

5. 学校可以提供一种经验上的个体道德体验。现代学校主要承担一种专业知识的教育，这是事实。作为一种整体性的美德教育概念已经失去了，想要恢复它是不可能了，因为我们的社会是一个现代性的社会，不再可能回到古代社会。德育虽然贯穿于各科教育之中，而且各学科教学本身实际上也是一种德育过程。但各科教育因为具有自身的功利性目标，改变知识教育的性质，使知识教育成为一种灌输，而不是成为增进人对世界的理解，因而往往冲击着道德教育，甚至会改变学科德育的性质和丧失学科德育目标。这就是现代性条件下学校道德教育面临的困境。

正是因为现代学校丧失了自身具有的学科德育内涵，提供某种专题的道德实践活动教育就成为学校德育的主要方式。当然，道德是实践生成的，学校不仅要提供学生交往的道德世界，还应当提供道德实践体验教育。尽管这种体验总是有限的，包括它的效用也是有限的，因为学校不同于社会。

第五章 学校道德教育的消极进路与作用

学校与社会是个什么关系呢?学校是社会的一部分,但学校又是一个相对独立的空间,学校生活肯定不同于社会生活。那么,学校道德教育的问题就出来了。其一,学校道德教育是为社会培养合格的公民做准备,还是学校道德教育本身就是一种生活?如果是前者,学校道德教育就需要采取措施培养社会的人;如是后者,学校就只需要就学生的学校生活本身开展道德教育,而不需要就社会所需要的品性来要求学生。其二,学校道德教育的目的是适应社会道德的要求还是培养一个全新的道德人?这个问题不是子虚乌有的,现实的学校中很多德育的实践就是要培养全新的道德人,有的还寄望于学校道德教育改变社会现状。这容易导致一些问题,即学校提供的道德榜样与道德规范与社会的道德规范不同,学生也是社会中的人,自然因为两套道德系统而无法适从。还有可能的是,学校道德教育教人的道德高于社会,容易导致学生的道德虚伪。

显然,学校的道德教育只能适应社会的需要。当然,社会的道德规范和要求也有诸多不恰当的地方,但这只能通过社会本身的改造,而无法由学校直接通过道德教育对社会加以改造。当一个社会道德秩序良好的时候,学校道德教育比较容易适应社会;当一个社会道德规范有诸多失范的时候,学校道德教育就比较难适应。所以,学校道德教育如何适应社会的道德体系,需要着眼于社会的基本道德规范。

同时,社会生活与学校生活的不同,决定了一些道德教育无法通过学校的课堂进行。但学校首先应当着眼于学生的道德生活的需要开展道德教育,即着眼于学生特定年龄段的交往中的道德权利和义务的规范教育以及道德品性和修养教育。所以,需要建立各年级相互衔接的道德教育体系。当然,学生不仅是学校公共生活中的主体,同时也是社会公共生活中的成员,因此,学校也需要对学生进行社会道德的教育。加强学生的社会实践教育是很有必要的。从道德教育内容上看,学校采取的教育内容除了适应学生交往生活的需要外,还应当满足社会道德的教育需求。道德体验教育包括的内容应当很广泛,现在一些学校开展的道德体验教育主要是"生命体验"教育、"生命感悟"教育,这固然也不错,但主要着眼于某种道德情感的教育。现在学校很大的一个问题是对美德教育重视不够,比如勇敢、坚强、正义、大气这些方面的美德教育还很欠缺。但这些美德的获得靠课堂教

道德可教的涵义与方式

育是不够的，尽管知识教育中也可锻造人的坚韧、坚强等品质，所以学校需要开展一些特别的专题实践活动进行美德教育。

6. 建立道德惩戒机制是学校道德教育根本性的制度。把道德建立在人性的低处是现代性社会的必然，也是比较稳妥的进路。由于人性的可能性，道德存在诸多偶然性，道德教育的效力相应也必然存有偶然性和低效力的地方。道德说教的效力显然存在低效的可能，因为他者的道德言论是否对个体产生直接的道德行动，或者说道德的生成总是实践的。道德的实践性决定了学校道德教育的作用将主要是提供周遭的道德环境，提供给个体相互交往和实践的道德体验活动环境。但如果仅仅是这样，学校道德教育的作用将具有太多的偶然性，其效力的提高必然缺乏可行的路径。一种周遭的道德环境无非是包括提供良好的道德榜样，把道德言论和行为及其体现出来的价值结构控制在可能的好的范围，前者可以有某种塑造，后者则难以有效控制。道德榜样的确立，意味着一种道德价值观的确立和道德形象的树立，表明某种方向，是道德内容的彰显。但提供个体的道德体验，虽然可能有某种道德主题，即某种道德价值观的彰显，但总体上看，却缺乏实质性的道德内容的标榜。由于道德的领域非常宽泛，完全依赖于人心的作用难以建立有效的道德秩序，因此可以考虑建立最底线的道德制度。建立道德惩戒机制，不仅仅是着眼于教育的消极进路的考虑，而且也是根本性的道德信条或基本的道德规范的鲜明的确立。其机制虽然也强调人内心的自我反思和羞愧的力量作用，但却对其作用的发挥持保留态度，进而从外围引进一种制度性的力量，对人的作恶可能保持经常性的监测和监督，增大其道德风险成本，更好地规范人的道德行为。这种制度虽然看上去不那么美好，但却是有效力的制度。这种制度的建立应当成为学校道德教育常态性的教育机制。

第六章　学校道德教育的方式转变

　　道德可教意味着对他者和世界的道德理解和通达以及自我道德话语和行为的构造，而不是意味着特定的道德场景与道德言语的教育就必然产生特定的道德行动。对道德世界的理解既是理性的理解，也可能是感性的、情感的、经验的理解或通达。这样的界定具有三重意蕴。这些界定决定着道德教育的方式必须进行相应的转变。其中，最重要的转变包括学科教学的德育内涵的确立与方式的转变，实际上是整个教学模式的变革，这种变革意味着要提供给学生一个道德交往的世界和生活的世界，增进学生对世界的理解和通达，更好地建构自我意义，而不是建立起学生的知识世界。同时，还要考虑到道德周遭环境的提供也是一种重要的教育方式，其中主要是道德言行结构、道德榜样塑造以及道德惩戒机制的建立。当然，专题的道德实践活动也是一种专门增强学生道德体验的教育，实际上它也是一种道德周遭环境提供式的教育。

　　道德场景和道德环境的建设均在于为道德的建构提供某种意义。不过它们的进路不同，道德言行结构、道德说教、道德榜样等是一种积极的进路，而道德惩戒机制则是一种消极的进路。但其核心仍然是促进对道德意义的理解，既包括理性的理解，也包括感性的理解。因此，道德教育的方式转变应当更有效地增进道德理解和通达。

一、道德理解与建构中的道德场景建设

　　道德言语和道德思维确实可以对道德行动产生构造性的影响，但无法得出言语与思维同道德行动之间的线性直接结果。道德可教，意味着某种特定的道德场景对个体道德行为的构造性影响，这种影响的前提是道德场景提供给个体的对他者和世界的道德理解和通达，以身

❖ __道德可教的涵义与方式__ ❖

在其中的氛围提供给个体的身体体验获得。学校道德教育虽然需要积极的教育活动，比如言语教育和实践体验教育，但道德周遭环境的提供也是必需的，而且非常重要。这些环境大致上包括道德言语与师生道德行为环境、道德榜样以及道德惩戒机制。

（一）道德言语/行为环境与道德理解和建构

教育具有偶然性。因为我们无法确切知道什么语言可能对教育对象产生作用，尽管我们一直强调用儿童的语言与儿童对话，但不同的儿童都有自己独特的话语体系，所以卢梭说，"要知道哪一种培养道德的方法最适合孩子，必须按照孩子的天性去指导他，因为每一个人的心灵都有它自己独特的形式"[①]。对于教育的偶然性，卢梭在《爱弥尔》中公开申明并作了许多特意的安排。卢梭在《爱弥尔》第一卷中说，人在出生的时候所没有的东西和长大的时候所需要的东西，全都由教育赐予；据此，他把我们人所获得的教育分为三类：或是受之于自然，或是受之于人，或是受之于事物。所谓自然的教育，是指人的才能和器官的内在的发展；所谓人的教育，是指别人教我们如何利用这种发展；所谓事物的教育，是指我们从影响我们的事物中获得良好的经验。进一步，卢梭把三种教育说成是三种不同的教师实施的教育。并认为，只有这三种教育趋向一致，趋向同样的目的，才称得上是良好的教育。当然，卢梭知道，这三种教育要趋向一致非常不容易，既要靠努力，还需要靠运气。自然的教育完全是不能由我们决定的，事物的教育只有在某些方面才能够由我们决定，而人的教育也不能由我们真正地加以控制——谁也无法对一个孩子周围所有的人的言语和行为通通加以创造和控制。[②] 正因为无法对道德环境完全加以创造和控制，所以学校道德教育唯有提供相对较好的道德环境。

道德语言环境可以分为多种。从语言指向上看，可以分为两种，一种是强制性的或命令式的道德语言环境，一种是无特定指向的道德言说或自我反思性道德言说。前者的特点是直接显白，传达的道德要求明确，无可置疑，单向发出，没有商约性。其语言结构通常是

---

① 卢梭：《爱弥尔》，李平沤译，商务印书馆2003年版，第97页。
② 同上书，第7页。

"你应当如何"或"不应当如何"。其体现的道德意义完全是言说者自我的理解和建构，而这种理解通常是缺乏论证的，因而经常是武断的，其意义是不周全的，或者说是开放的，有待解释和理解。由于这种语言特点缺乏有效的生活场景或意义情境的支撑，因此忽略了特定情境而呈现出普遍性和抽象性，往往让人难以指导特定情境下的道德选择。后者的特点是不针对特定对象，无明显的灌输性，而可能更多的是言说者自我的道德反思和检讨。这种言说的效果既可能引起在场者的道德反思和道德意义的理解，又可能使在场者主要倾向于对言说者道德本身的关注，即更多地建构道德言说者自身的道德形象。当然，对他者的道德建构实际上也是自我的道德建构，但这种自我建构存在两种可能，一种是肯定性的道德建构，即在场者吸收的、值得认同的道德意义；一种是否定性的道德建构，即批评性的道德认识，可能是需要抛弃的道德意义。

还可以分为显性的和隐性的道德语言环境。所谓显性的，指含有明确的道德内容指向的语言环境，比如两人对话或自我言说，人应当诚实而不应虚伪，这是显性的道德语言。这样一种语言环境对在场的他人是否有效，取决于在场者对语言的理解，即这种语言是否切合其话语体系，或者说能否找到共通感。而能否找到共通感，跟在场者的生活经验或生活世界的意义理解与言说者的语言情境是否切合密切相关。同时也取决于言说者对在场者的情感效应，即言说者对在场者是否具有强烈的认同感或某种情感上的偏好。所谓隐性的，是指言说者并没有明确的道德内容指向，也没有特意的道德意义表达，可能只是某种叙事或故事，抑或只是片断性的日常生活语言，但却使在场者获得某种道德上的理解、触动或道德领悟。这种理解或领悟完全是在场者自我的语言结构所形成的道德意义建构，而言说者并没有特意的道德意义传达。所谓说者无意，听者有心。当然，还有一种隐性的道德语言环境，即言说者虽然有明确的道德意义指向或传达，但却把其意义隐藏在叙事或故事中。

相对于道德语言环境，道德行动环境对人的道德影响更为直接。对于学校而言，道德行动存在着一个结构，即集体的道德行为方式。但道德行动对他人的影响必定是通过具体的道德行为而发生作用的。而具体的道德行为则往往是片断的和破碎的。也就是说，具体的道德

◈ 道德可教的涵义与方式 ◈

行为都存在特定的背景和情境，它需要特定情境下的整体性和连续性解读。道德误解就与对道德行为的片断性解读密切相关。当然，这种片断性和破碎性既有优点也有缺点。当良好的道德行为产生时，它可以通过特定的片断性传播对他人产生积极的道德影响；而败坏的道德行为产生时，同样可通过片断性传播产生消极的道德影响。问题在于这两种影响之间并不是加减关系，即消极的道德影响并不会因为良好的道德影响而消失，反而良好的道德声誉可能因为一件道德败坏事件而丧失殆尽。学校作为一个集体，其道德行为环境必须是整体性的。所以，对学校而言，营造良好的道德行为结构固然是必要的，但更重要的是抑制个别的道德败坏行为。

学校教师的具体的道德语言和道德行动，都存在极大的偶然性。就整体的道德语言和道德行动环境而言，虽然也有偶然性，但还是存在一定的可控性。其一是要确立特定的道德价值结构。具体的道德语言和行动，对个人而言有一定的情境性，但其往往是特定道德价值的反映。所以，营造道德价值是师德教育的重要内容。其二是要建立师德监控机制。通过道德价值引导，塑造教师良好师德的作用必定是有限的，但可以通过监控机制，发现和抑制不良的道德语言和行动。

（二）道德榜样的塑造

道德榜样是学校道德教育需要提供的重要的周遭环境，其可以发挥的道德召唤力量是巨大的。但是如果塑造不当和作用机制不明，则其效力低微，甚至适得其反。关于道德榜样，有几个问题尚需要深入思考。一是确立何种道德榜样问题以及如何确立和避免榜样塑造中的问题，二是如何形成有效的榜样作用发挥机制。

1. 我们需要何种道德榜样。一个人选择什么样的道德人生和生活看起来确乎是私人的事，但人必定是生活在社会中，所以社会对个体道德有基本的规范，相应地，也有自身彰显的道德榜样。个体如何处理自身与社会的关系，关乎道德生活的选择。卢梭对这种选择作了极其深刻的思考。卢梭认为，公民、哲人、基督徒是三种不同的人生，在值得模仿的人生里，最重要的莫过于苏格拉底、卡托、耶稣的人生。卢梭把他们都视为自己的榜样人生，但对各自的榜样又有些不满，卡托具有公民的示范效应，但不自足（不自由）；苏格拉底是自

第六章 学校道德教育的方式转变

足的,但没有公民的示范力量;耶稣精神减少了文明腐败的危害性,但又以颠覆社会精神为代价。① 普遍地说哪一种人生是好的,卢梭从不这样说;卢梭喜欢戴着面具说话,喜欢选择对象说话。比如,科学是否有害要看对象;勇敢是否是好的德性也要看对象;戏剧是否对社会有益也要看对象。同样,这三种人生哪一种好需要依不同的参照系。做一个好公民对社会有益,但不能减少社会的腐化;做个基督徒又贬低现世的意义,不利于社会的精神团结。卢梭认为,"有信仰而无德行是枉然,有德行而无信仰同样枉然"②。一方面,哲人和基督徒对社会而言各有不足。卢梭在《萨瓦牧师的信仰自白》中探讨了宗教对社会的重要作用。卢梭借牧师之口认为,不信宗教可以慢慢地败坏整体社会的基础,而宗教的狂信则可以通过引导产生崇高的德行;另一方面,要坚持真理的道路,"哲学要勇于承认上帝,在不容异己的人当中要敢于宣扬人道"③。所以,仅仅做一个哲人或一个基督徒恐怕都不算好,对卢梭而言,既要坚持真理同时也需要承认上帝;换句话说,卢梭的爱弥尔既有哲人的一面也有基督徒的一面。事实上,萨瓦牧师一上来就告诉爱弥尔,他不想做什么大哲学家,但却始终爱真理。看来,牧师愿意成为一个兼作哲人与神学家的人,这也是他想要给予爱弥尔的人生榜样。哲学或宗教对社会而言都有自己的不足。苏格拉底之死表明了他可算是遵守法律的楷模,但卢梭赞美苏格拉底的更多是因为他抵制人的向恶,面对周遭的道德腐化不妥协,坚守德行,而不是因为他的社会效用。④ 事实上,苏格拉底在共同体中的自由自足,无法使他成为普遍的楷模,正是在社会效用上苏格拉底不如卡托。但如果换一个标准,比如以自然的或自由的标准来看,则苏格拉底高于卡托,因为他具有自然的独立和自由,体现了人性的最高可能性。卢梭在《论政治经济学》中比较了苏格拉底和加图

---

① 凯利:《卢梭的榜样人生》,黄群译,华夏出版社2009年版,第59-92页。

② 卢梭:《法兰西王室第一亲王、奥尔良公爵的悼辞》,载刘小枫、甘阳:《文学与道德杂篇》,吴雅凌译,华夏出版社2009年版,第150页。

③ 卢梭:《爱弥尔》,李平沤译,商务印书馆2003年版,第455-457页。

④ 凯利:《卢梭的榜样人生》,黄群译,华夏出版社2009年版,第63-65页。

◈ 道德可教的涵义与方式 ◈

（卡托），认为苏格拉底的美德是一己的幸福，加图却是在全国人民的幸福中寻找他的幸福。① 这两种幸福都不是卢梭所推崇和欲求的。

从不同的标准观看，或者说对不同类的人而言，三种人生都有值得标榜的光辉，但卢梭显然不满意于这种模仿的人生，因为在他看来，模仿他人很可能会失去自我。卢梭在《爱弥尔》中说，喜欢做他人——即便是苏格拉底或卡托——而不愿意做自己，爱弥尔的教育也是全盘失败的。② 模仿苏格拉底，便是在拙劣地模仿哲人；模仿卡托，则是把自己奉献给了共同体。爱弥尔所受的教育以自然为基准，必须同时避免这两种倾向。③ 卢梭想以爱弥尔作为新的榜样人生。爱弥尔的教育方案是要在哲人、公民与基督徒三种人生中探求人性的可能性，谋求一种新的人生。这种新的人生就是社会中的自然人。但问题是，在共同体中爱弥尔的自由与自足如何保持？卢梭在制度上设计了一个最接近自然状态的"公意"的社会，在这样的社会中，卡托式的好公民既有献身于公共利益的美德，同时也具有他人也有的个体自由。但这样的公意的社会也有它的问题，一个是这种普遍的自由可能导致的是普遍的平庸；另一个是，以自我保护为基础建立起来的普遍的同意或承认，像康德总结的"你的行动法则也是我的行动法则"，仍然无法协调好个人喜好与义务、道德自由与道德义务、自由与责任之间的关系。仅仅只有自我关心和保存，那么人唯一的责任就是不伤害他人，整个社会必然是单子式的存在。一个社会缺乏爱和个体对集体的奉献，则社会基础必然不牢固。或许霍布斯式的政治国家可以实施最低限度的统治，但那样的社会太冷漠，更不能给人带来幸福。当然，霍布斯不会这样认为，他相信把道德建立在最本能的激情之上，以此为现代社会找到一个稳妥的基点，进而可以实现现代人的普遍幸福。卢梭当然不相信霍布斯式的现代狂妄，他看到了现代方案的问题，他要把自我保存的自私转变为具有社会性的自爱，进而增强社会团结的黏合剂。卢梭坚持认为，家庭是健全社会的唯一基础。爱弥尔既然需要回到公民社会中，就要进行爱欲的教育，即一种为彼此

---

① 卢梭：《论政治经济学》，王运成译，商务印书馆1962年版，第17页。
② 卢梭：《爱弥尔》，李平沤译，商务印书馆2003年版，第341页。
③ 凯利：《卢梭的榜样人生》，黄群译，华夏出版社2009年版，第70页。

第六章　学校道德教育的方式转变

做准备的教育。这种爱的教育使爱弥尔体验到了个体自由与道德义务之间的紧张，并因此学会了责任，填补了欲望与责任之间的分裂，既没有因为"斯巴达式的方式改造而失去本性，也没有背负上道德义务"①。因此，尽管通过把人改造成真正的公民，并达到人类幸福还有很漫长的道路②，但这种由性而爱的为彼此做准备的教育为人在朝向自然状态的回归提供了最高可能性的榜样——爱弥尔既要有卡托身上的东西又要有苏格拉底身上的东西。他是一个满足于简单需要的自足的和幸福的人，是一个在公民社会中独立的和自由的、活在他人权威与意见之外的人。于是，他要摈弃文明社会的一切矫揉造作和虚伪，砸碎一切文明社会带给人的枷锁，恢复被文明社会遗忘了的人的存在本性，解除社会对人道的遮蔽，使人性进入空前的澄明，恢复人道最为真实的自我。为此，卢梭一方面通过政治制度的设计，重建共同体，解除一切制度和文明可能带来的对自由的侵略，为爱弥尔的教育成功奠定一个良好的社会环境；另一方面通过对爱弥尔实施一对一的教育，实施远离城市的乡村教育，培养自然的人的良好品德，为一个独立、自足、自由的爱弥尔奠定良好的教育环境，通过重建教育，树立一个崭新的人生榜样。

卢梭的爱弥尔显然也可以作为一个道德榜样。但卢梭为什么不选择卡托式的好公民而要另造一个爱弥尔作为榜样呢？这是因为卡托是在全国人民的幸福中寻找自己的幸福，也即是说，他把自己奉献给了共同体，意味着作出了道德牺牲，丧失了个体幸福（主要是自由）。卡托式好公民无疑是社会所欲求的最佳道德榜样，但对个体而言则未必如此。一个社会要塑造什么样的道德榜样，不能完全从社会性这一个角度去推演和作出要求，必须考虑到社会倡导的道德价值如何更容易获得个体的认同。不论是主张道德的基础在于情感还是在于理性，实际上都是形而上学的思考。道德的生成和运转是在具体的生活实践领域，受到特定的社会性和历史性文化的影响。中国文化传统与文化

---

① 布鲁姆：《巨人与侏儒》，张辉选编，秦露等译，华夏出版社2003年版，第245页。

② 普拉特纳：《卢梭的自然状态》，尚新建，余灵灵译，华夏出版社2008年版，第104页。

的演变对大众选何种道德榜样有着直接的影响。道德榜样塑造应当考虑到文化的根基性影响。

2. 道德榜样的塑造及作用发挥机制。卢梭对三种道德人生的探讨，是从个体性与社会性的内在紧张中探索人性自由的可能限度。哲人，不管是柏拉图还是卢梭视野中的形象，其实都是超越于社会的，正因为如此，从人性自由角度看，他们无疑是最为自由的，对个体而言是最高的人生榜样。但人性超越于社会，无疑是非道德的，对于社会而言，显然是不可欲求的。好公民才是社会欲求的道德榜样。所谓好公民，就是把个体全部奉献给共同体，是人性卓越之最高典范。但这种典范的效应存在一个问题，即人性卓越之表现具有偶然性，或者说只是人性的一种可能性，而不是日常生活的现实常规表现，因此，偶然性的卓越如何可能作为普遍之规则推及到全体大众。当然，也可能是，社会确立自身的道德榜样并不具有现实性，它仅仅是最高价值的标榜和彰显，无需付之实现，但问题在于社会的最高道德标识如何获得个体认同。如果社会确立的道德榜样形象无法进入公众的世界，或者公众无法在经验上通达社会的道德榜样所赋予的意义，那么，社会确立和塑造的道德榜样就是失效的。

所以，道德榜样塑造的关键并不在于人性最高的定位，而在于能否获得人性的理解和通达。对人性的最高或卓越，需要有一个准确的认识。人性的卓越，至少有多个考察维度。真正具有道德教育价值的人性卓越是指人性经过理性的考量和审视作出人性可能性的道德行为或道德原则和品性坚持，而不是指人性偶然性的卓越表现或某种牺牲式的道德表现。正如康德所坚持的，那种偶然的、经验的或情感的东西所作出的道德行为并不具有真正的道德价值，只有构成自觉的道德义务才具有道德价值。当然，康德的这种说法也不是没有问题。他把偶然的、经验的和情感的东西作出的道德行为排除在真正的道德价值之外，而着眼的是普遍的理性社会的道德规则的建立。为理性社会建立规则当然是重要的，但情感无疑也是社会黏合的重要基础。正如马克斯·舍勒所坚持的，情感是理性的动力，是社会正当性的普遍基础。情感是否是道德的基础，可以探讨，但情感作出的道德行为对于社会或个体而言是可欲求的和值得彰显的。但问题在于，情感作出的道德行为是否为个体所理解和通达。比如，一位母亲为救自己的小孩而不惜牺牲自身的全部，当然是可歌可泣的道德行为，而这种行为显然可以为他人所理解，因为人都具有同情心，情感的力量也正在于以情感感动情感。但是否可以为他人所通达则不一定，因为这种特定情境下的道德行为总是偶然的，并非为很多人的日常生活所充分经验到。两个陌生人之间的道德牺牲，也是特定情境下的道德情感表现，其呈现出来的意义则难以为他者的日常生活所理解，更不用说通达。所以，人性的卓越更应当体现为克服人性的弱点或自律人性的欲望而作出的、为人们日常生活所充分经验到的或可以充分理解和通达的道德表现。道德榜样的塑造应当着眼于此。事实上，人们各自心中都有自己的道德榜样。榜样之所以成为榜样，就在于榜样为他人日常生活所经验、理解，进而所通达。社会道德教育的作用并非是塑造特定的道德形象，因为人的差异性决定不同的道德榜样形象，而在于整合人们日常生活所建构起来的道德形象，并以特定的道德价值观呈现出来。当然，道德价值的呈现并非完全依赖于道德语言，同时也体现在人物的整体生活之中。

　　我们当前的道德榜样塑造是有问题的。其问题在于，设立特定的道德形象，并以完善的形象呈现给大众。既遮蔽道德榜样的人性弱点，又以一种片断或断裂的生活呈现出来。道德榜样只有以一种整体的生活形象展现出来，才可能获得他者的理解。要发挥榜样的道德示范作用，并非要树立特定的典型，而在于审慎选择道德榜样并充分展示其整体的生活形象。而且，道德榜样的作用也不在于改进人们的道德行为，而在于使人获得道德意义的理解和建构以及可能获得的道德召唤力。这里面有两个至关重要的问题，一个是，道德榜样必须是整体的形象，而不是以某一偶然的卓越道德行动作为榜样；另一个是，道德榜样必须是生活的形象。只有生活的形象才能获得他人同样是对生活的理解。要塑造师德榜样，必须建立在教师生活基础上，教师的生活虽然主要是教育教学生活，但同时又是社会生活的存在者。所以，对师德的塑造要依对象而定。对教师群体而言，塑造师德榜样应当是教育教学的道德榜样，而不是某种社会美德的榜样。对于学生而言，师德榜样的塑造既应是教育教学的道德榜样，也应是社会美德的榜样。这是因其教育作用决定的。

　　作为学校公共生活中的重要道德形象，教师成为学生的道德榜样

道德可教的涵义与方式

是其职业道德的内在要求。对学校道德教育而言，提供和塑造教师的道德榜样形象，并不完全在于通过道德榜样对学生产生道德指引和道德召唤力，更重要的在于提供师生之间的交往生活，增强学生对教师道德生活世界意义的理解。

（三）道德奖惩机制的建立

任何社会都有自己的道德标准，提倡什么和反对什么就构成了道德奖惩机制的重要内容。道德奖惩机制不同于法律和纪律奖惩机制，其运行机制基于人所具有的道德良知，并通过人的羞愧之心来发挥作用。但道德奖惩标准和方式经常有违于人的道德良知和羞愧之心。主要体现为如下几点。

第一，道德奖励的标准超越于人性善。人性有现实性和可能性，既具有基本的良善，也有卓越之表现。道德教育的作用就是引发善，抑制恶。但如果道德奖励的标准高于人性善，奖励的效率必然低下，甚至指向错误的引导。因为人为了迎合这种道德奖励，不得不隐匿自己的道德恶，以一种虚伪的道德善伪装自己。正是因为人具有羞愧反省之心，人更愿意过一种良善的和真实的道德生活，但道德总是社会的，为了使自己符合社会设定的道德奖励标准，不得不隐藏可能的善适应虚伪的善。道德本是长期的养成过程，生活中的道德经验之所以可能形成，正是取决于人在互动中的道德经验被他人和社会认同，如果日常生活中的道德经验无法获得社会的认同和道德表扬，则这种经验的建构必然失去主动性和积极性，仅仅成为集体道德生活下的机械策略或权宜之计。所以，道德奖励应当着重于人的道德生活的点滴形成。

第二，道德奖励可能具有功利性。道德奖励的目的是引发人的道德善，而不是为了道德而道德。人做出了某种道德行为，是值得给予道德奖励的，但采取什么形式是值得思考的。奖励的形式可能是一种道德认同和肯定态度，也可能是一种口头奖励，甚至还有特定的奖励机制，比如加分制度。学校教育经常采用的是口头道德奖励和加分制度。这是有一定问题的。这两种道德奖励形式都可能引发人的道德功利性。人有获得认同和被表扬的本性，为了获得相应的道德奖励而主动采取相应的道德行动就可能产生功利性。因为这种道德奖励制度是有特定的时空的,一旦特定的道德奖励机制失效或缺席,人就失去了产生相应道德行动的动机。这不能产生真正意义上的道德行为。道德奖励机制还有一个重大的问题需要思考,即人的道德行为在日常生活中是经常发生的,有诸多仅仅是道德习惯的东西,那么道德奖励机制如何运行就需要探讨。经常性的道德行为,有一些是比较显性的,有一些是比较隐性的,如何发现并适当奖励需要思考。同时,是否每一次的道德行为都应给予道德奖励,对于道德习惯的东西又该如何奖励,这些都需要认真思考。奖励是有时效性的,频繁的奖励存在效益递减现象。所以,道德奖励应当谨慎使用。应当更多地使用道德认同;在出现明显的道德进步或明显缺失的道德行为产生时,可以考虑使用口头道德奖励机制;在某种道德集体缺失或道德普遍下滑的时候,可以考虑采用道德加分激励机制。

第三,道德惩戒机制如何运用问题。对不道德的行为给予惩戒是必要的,但是否必定给予以及采取何种方式是至关重要的。道德惩戒是基于人性恶的假设和防范,同时也是基于人性善的保卫。所以,道德惩戒必须基于人性的两种可能来考虑,而且不应把基点定位于人性恶的惩戒,即否定性的进路,而是定位于人性善的相信。正是因为人性具有良善和从善的一面,所以不能过多地运用道德惩戒。很难获得普遍性的道德惩戒机制运用方式,但其一定要考虑到人性的尊严,充分运用人性具有的羞愧反思之心。道德惩戒机制也可以分为显性的和隐性的两种形式。显性的惩戒机制,带有明显的道德反对的表达和相应的惩戒形式;而隐性的惩戒机制则只是表达道德的不认同,甚至是不表达但绝不是道德提倡,而且也没有采用显明的道德惩戒形式。显性的惩戒机制应当是在隐性的惩戒机制失效的情况下才可能产生,或者虽然没有采用过隐性的惩戒机制,但明显的道德失误对集体道德认同产生冲击,或者为集体道德所强烈反对而必须给予明确的道德回答。

二、重构道德理解与建构中的言语和行为交往世界

(一)道德理解中的通达

学科教学的一个重要内容是知识的理解和建构以及知识的创新,

◈ __道德可教的涵义与方式__ ◈

表面上看是丰富了人的认识，但其实是认识世界，建构起意义世界，进而实现接近对世界的通达。为什么这样说呢？

世界是人的世界，而不是独立于人之外的物自体世界。海德格尔说人是被抛的存在，表明人进入世界受到他人建构起来的世界的制约，但同时人又建构着世界。胡塞尔的生活世界，是一个人与人建构起来的意义世界。虽然在人的认识如何符合实在、如何切中事物本性，或者说人所建构的世界如何切中自在的世界，有不同的探索，但都表明世界是人的世界。当然，人如何认识世界或者认识对实在的切中存在着永远的不断的现象学还原过程。

不管是自然科学还是人文社会科学，都是人所建构起来的认识世界，也是人认识和通达世界的方式。自然科学是对自然现象的认识，人文社会科学是对人的实践活动的认识，即便是艺术，也是人的身体对世界的认识。我们对自然科学与人文科学的划分，似乎意味着只有人文科学才是对人的认识，而自然科学是对物质世界的认识，其实不然，对物质世界的认识也是对人自身的认识，关乎德性和教化。人正是在与物质世界的区别中认识自身，认识人性，包括人类的欠缺、有限、无知和渺小，从根本上说是教化自身。正如考卡维奇的解读，柏拉图《蒂迈欧》篇中的蒂迈欧宇宙论的目的，"在于为可见世界及其正当性辩护，而非教导我们如何超越这个世界"①。因此，不管是自然科学教育、人文知识教育，还是艺术教育，都是使人通达世界的教育。教育的目的应当是帮助人们在不断的现象学还原过程中，在与文本和世界的交流中扩大自我的视野，丰富自我的世界，深化自我认识，进而通达他者，也同时确立和获得自我。在这个意义上，学科教学才是对人的真正的教育。

从某种意义上讲，世界是语言的世界，而语言则是一种符号系统，符号系统的意义则是开放的，有待于人的认识与实在不断地接近达到视界的融合。然而，即便如康德所说的先验的认识是可能的，但认识对实在的再现或者是单个的符号则是破碎的和不完整的，有待于通过现象学的还原达到接近事物的实在本身。这里，"事物"并不是

---

① 考卡维奇："鸿蒙中的歌声"，李雪梅译，载徐戬：《鸿蒙中的歌声：柏拉图〈蒂迈欧〉疏证》，华东师范大学出版社2008年版，第58页。

通常所说的客观事物，而是意识的意向内容。由于人的意识总是带有各种经验和情感的东西，或者说人总是带有自己的前结构和前视野，所以如何直观事物本身就成为问题。但就人的意向性理解而言，事实上是通过人的前结构与意识对象内容之间的互动，通过自我建构他者，并通过他者建构更为丰富的自我。以语文教学为例，文本呈现的总是静态和破碎的语言，甚至是作者本人的语言世界，其对自然和人物的描述必然带有作者的视野，读者面临的问题是既要进入作者世界也要进入文本世界，进行不断的视界交流。自然科学教学也是这样，人的意识或理解活动也不仅仅是科学符号和逻辑的演绎，还包括人对世界的科学认识，而科学世界来源于日常生活世界。所以，学科教学的关键是要使人走进他者世界、走进文本，走进科学世界，也走进日常生活世界，通过对他者和世界的理解获得自我，也通过自我建构他者和世界，进而通达他者和世界，达到人的教育的目的。

不仅如此，学科教学还是实践的教育。人对他者和世界的理解和进入，不仅仅是靠理解或视界的交融得以完成，而且要靠实践或做事。或者说，理解必须是实践基础上的理解。在《精神现象学》里，黑格尔阐述了"自在和自为"的自我意识的发生过程，自我的自为正是通过实践性教化达到普遍的精神存在进而返回自身。黑格尔指出，劳动的本质不是消耗而是塑造物品，正是由于劳动者的意识塑造了物品，它也就塑造了自身。[①] 人在塑造物品的过程中既包含着自我理解也包含着对他人的理解。杜威强调的"做中学"，不仅仅是他想用经验克服主客对立问题的教育领域的回答，而且也表明，做事才是联结认识和实在的唯一途径，才能达到真正的学习和理解。学科教学正是通过"做"，才能实现学生对世界的更好理解和通达，否则只能是想象的理解和抽象的构造。

同时，学科教学还是交往与合作中的教育。人对他者的通达就是共通感。对教育而言，重要的东西就是要造就共通感，培养人的社会性，使人达到普遍的精神存在。在维柯看来，共通感更多的还是一种

---

① 加达默尔：《真理与方法》，洪汉鼎译，上海译文出版社1999年版，第15页。

❖ 道德可教的涵义与方式 ❖

通过生活的共同性而获得。① 学校生活中的交往与合作，不仅是知识学习上的合作，是语言上的交流，而且也是实践或做事中的交往与合作。交往与合作本身就是社会性的和实践性的，人只有在交往与合作中才能获得社会性，即获得语言的社会性和行为的社会性，进而获得对世界的理解，从而更好地进入世界。

学科教学只有具备以上三种内涵或功能，才是真正的人的教育，也才是真正的德育过程。但学科教学如果仅仅停留于知识传授，则丧失了人的教育目的，丧失了其本身固有的德育功能。也正因为如此，我们经常强调德育的学科渗透和学科教学外的德育实践活动。如果学科教学真正建立起通达他者和世界的理解教育，建立起基于日常生活世界的实践教育，我们还需要专门的德育实践活动吗？至少，学校德育实践活动的内容和功能都要有所修正。所以，要使人通达世界，仅仅靠知识传授显然是不够的。仅仅停留在符号和数字的演绎，既不能达到对生活世界的理解，也不能达到对实践世界的理解。如果学校教育采取一种以知识传授为主的课堂教学模式，则不仅仅是对创新人才培养的抑制——传统的教学模式的弊病更主要的还不在于此，更主要是它使自身育人领域和功能出现萎缩。

重构学科教学的德育内涵，意味着不能把学科教学看成是某种知识的传授和获得，甚至也不仅是知识的理解、建构和创新，而是通过理解世界，通过做事，通过交往与合作，获得意义的构造和行为方式的构造，进而更好地理解和通达世界，获得更为丰满的自我。

（二）对德育的学科渗透说的批判

学校道德教育在认识到道德说教的问题后开始走向道德实践教育和体验式德育，另一方面仍然强调德育的学科渗透。"学科渗透"这一说法，意味着学科教学原本没有承担德育任务，只是纯粹的知识或能力教学，现在要在学科内容基础上进行相应的道德教育。因此它显然存在着一个假定，即学科教学与德育是相分离的，并且德育的主要阵地还是依托专门的机构、教师或实践活动，而学科教学只是辅助。

---

① 加达默尔：《真理与方法》，第27页。

第六章 学校道德教育的方式转变

这一提法从根本上否定了或者隐蔽了学科教学本身具有的德育内涵，否定了学科教学作为德育主阵地的作用。

学科教学之所以要成为学校德育的主阵地，是由学校教育区别于家庭教育的独特性所决定的。从学校教育与家庭教育各自的功能作用看，学校承担了重要的德育功能。学校教育是家庭教育的延伸，但这种延伸并不完全是因为家庭教育无法完成分科的知识教学任务，还因为学校教育承担着公共价值再生产的任务和独特的德育任务。学校区别于家庭的重要地方在于它可以提供一个集体交往的世界，如果学校仅仅提供知识的传授而丧失了交往性，则必然丧失了其独有的德育功能。道德是人与人之间关系的建构，儿童和青少年的公共道德必须从学校和社会中形成和塑造，这是家庭教育无法完成的。事实上，学生也正是在与同类集体交往中获得对他人的通达，进而获得自我和社会性的，就此而言家庭教育无法替代学校教育。卢梭的爱弥尔的教育似乎是自然人的教育，但其实是社会的自然人教育。所谓自然人并不是缺少社会性的人，而是用自然状态的标准作为社会存在的唯一合理依据，使人的社会性尽可能朝向自然状态。学校独特的德育任务就在于使人获得社会性，合乎公共道德要求。而这样一种任务不可能是专门的德育说教或专题实践活动可以完成的，必须贯穿于学科教学全程和整个的学校生活。从实际看，学生在学校的时间主要是在学科的课堂教学中度过的，学科教学理应成为德育的主阵地。当然，目前这一主阵地作用并没有发挥好，因为课堂教学充满太多的知识教育，学生成为被动的符号接受者，知识其后的意义和世界无法向学生显现，导致学科教学具有的人文教育缺失；另一方面，生活教育模式没有形成，生生之间缺乏有效的互动和交往，学生既缺少道德对话，也缺乏道德实践，无法获得和建构起生活的意义，进而使得学科教学丧失了基本的德育内涵和功能。为了弥补学科教学的德育缺失，学科渗透自然成为一种挽救，但学科渗透并不能凸显主阵地作用。

也正是基于这种假定，学科渗透的通常做法是挖掘学科教学中的德育资源，利用学科教学内容开展道德说教。显然，学科渗透试图整合学科教学的力量，以拓展德育的空间范围或者时间维度，形成学校道德育人的合力，但是这种力量的汇聚并不必然带来德育的高效。合力是否真正有效，取决于一个重要的前提条件，即德育方式必须是有

❖ 道德可教的涵义与方式 ❖

效的。如果德育方式是无效的或低效的，德育的学科渗透必然就是失败的或效率不高。事实上，德育的学科渗透经常采用简单的说教，即一个成人的道德话语体系对未成年人道德话语的命令和侵入，而不是未成年人对道德情境的主动建构。这两种道德话语体系或道德世界之间存在理解上的隔阂，而且还由此导致通达上的艰难。这样一种德育方式，必然形成道德理解与实践上的困难，很难说是高效的。当然，学科渗透下的道德说教有时候也可能是有效的，因为德育存在偶然性。但也存在诸多可能的负面效应。比如，学科教学的内容按照特定的道德教育思维加以解读和挖掘，并被提炼为一种德育内容贯穿于学科教学之中，固化着某种特定的道德内涵，通过道德故事的叙述和教学把某种道德想象灌输给学生，形成学生单向度的道德思维，极大地约束和禁锢着学生。

（三）道德理解与构建中的学科教学模式改造

学科教学不仅是人通达世界的教育，也是人通达他人的教育。学科教学要实现个体对他者的通达，依赖于三个方面，一是通过学科内容教学，其中主要是通过语言文字，在与文本的交流中，达到对语言文字所呈现出来的人物故事的理解，即达到对文本人物与世界、社会、他人的遭遇的理解；更是达到对文本所呈现出来的生活世界的理解，包括对他人、人类经验、人类共同体的理解，进而达到对自我以及自我与他人关系的理解。二是通过实践性教育，达到对生活世界的理解。三是通过学科教学组织模式的变革，建立起师生、生生互动的组织模式，通过彼此的双向交流和对话，实现对自我及他人的理解。

但问题是，既有的教学组织模式并没有发生相应的转变。虽然自课程改革以来，我们通过校本课程开发，推进生活教育，但学科知识教育的模式并没有实现根本性变革，其道德育人功能基本丧失。那么，学科教学模式需要什么样的形式转变呢？它需要一种具有生活建构功能和促进学生交往世界形成的开放式的课堂教学模式，正是这种教学模式的塑造决定着德育的内容。这种开放的课堂教学模式是相对于传统教学模式而言的，它旨在回归生活，在更高的意义上丰富学生的交往世界，引导学生的想象和理解，解放人的活力，促进人的发展。这种课堂教学模式的核心并不是启发式的或探究式的，尽管它也需要充分调动学生的主动性，需要探究式学习，或者说探究式教学是它的主要目标之一，但是其最重要的特性还在于它的组织教学模式——它并非是关于如何传授知识的科学与艺术，不是"教什么"的问题而是"怎么教"的问题。

首先，应当建构起一个开放式的学科教学模式。这种开放性不仅体现为生活化和活动化以及合作、互动和交往化，而且体现为学生思维发展的开放性。通过引导学生的想象和理解，不断深化对他者的理解，建构和丰富自我认识，达到理解的深度和开放。它要求改革用成人的语言世界向学生的语言世界进行不可通约的灌输，引导学生自我建构意义的世界。在生活教育模式还有形成或现有的知识教育模式下，这是可以进行改革的首要内容。其次，应当建构起生活化的、活动型的、基于人性的、促进人的发展的教学组织模式，它要把原先静止的课堂变得活动起来，有效地拓展了道德教育的时间与空间范围，把原来知识传授的课堂教学转变成生活构建的过程，从而也是道德习性和基本品格养成的过程，因而它是一个模仿家庭教育、拓展与超越家庭教育功能的、也有助于开发学校教育有效性的教育模式。虽然现在尚没有找到普遍有效的生活教育模式，但事实上在学科教学中已经有了一些探索，应当进一步深化局部探索。最后，应当建构起交往与合作的教学模式。把学科教学改革成一个促进学生交往世界形成的过程，一个学生开展沟通、合作、探讨、想象、创造、展示个性的过程。从知识传授走向学生交往实践，正如卢梭的爱弥尔一样，在朝向自然状态的进程中还需要走向公共道德，学科教学需要让学生在交往中丰富人的社会性和自我性，构建相互的权利和义务的关系框架。合作教学也已有一些探索，但主要局限于知识教学的过程中，未能与活动教学或生活教育模式很好地结合起来。这两种模式改革既受到教师专业水平的限制，也受到了教学内容设置的限制，需要进一步简化和精减课程内容。由于课程内容设置是一个各级教育相互制约的系统工程，需要进行系统设计，而不是由各地进行局部探索。

转变课堂教学形式的实质在于，它为学生的道德发展提供了一个广阔的而不是狭小的、真实的而不是虚假的、解放的而不是压制的周遭环境，让学生在生活中成为道德教育的主体，在相互交往的集体世界中进行自我道德教育，因此它是一个真正促进人的发展的过程，因

❖ 　道德可教的涵义与方式　❖

而也是一个品性培养的过程。它的道德育人功能包括，第一，它有助于培养学生的交往沟通能力、合作意识、合作精神与合作能力，并且在合作中学会相互欣赏，学会尊重他人，学会诚信、遵守约定等道德规范与养成基本的道德品格，特别是公共道德品格；第二，它有助于培养学生科学的探究精神，并且在探究中学会热爱真理和求真务实的态度以及对生活的热爱与对生命的尊重；第三，它有助于激发学生的想象力和创造力，促进认识和理解的深化和开放，更好地培养共通感，促进人的社会成长；第四，它有助于促进学生的身体成长，解放人的活力，为身心健康奠定基础。总之，转变教学组织模式不仅仅是知识学习问题、能力培养问题，更重要的是道德育人的问题，从根本上说是一个整全的人的培养问题。正是形式决定了实质，开放的课堂教学组织模式，不仅延伸了家庭教育的功能，拓展了德育的时间与空间，而且更关键的是，它使学生成为道德教育的主体和自我道德教育者，能真正提高德育的实效。

德育的学科渗透是一个错误的提法。其根本性的错误在于，把学校德育看作一项专门的工作，并把专门的德育实践活动作为德育的主阵地，而把学科教学看成是德育的辅助。它实际上遗忘了学校教育区别于家庭教育的独特性，忽视了学科教学可以具有的德育角色和作用，进而借助于学科渗透作为对学校德育功能的弥补。当然，这也是在学科教学方式方法没有得到应有的转变进而丧失其具有的德育功能的情况下的一种无奈之举。当前，至少应在认识上恢复和重建学科教学的德育内涵和方式。学校独特的德育内涵和功能表明，学科教学本身应当具有深刻的德育内涵，即应当成为使人通达他者的教育，成为实践性教育，成为交往与合作的教育，而且应当成为学校德育的主阵地。但是现有的专题德育实践、学科渗透以及知识教学模式使学校独特的德育内涵和功能基本丧失。要恢复学科教学的德育内涵与方式，必须改变学科教学模式，加强实践性教育，引导学生对世界的通达，同时改变教学组织模式，提供生活建构的、促进学生交往世界形成的开放式的学科教学形式，让学生在学科教学形式中同时成为道德教育的主体，在相互交往的集体世界中进行自我道德教育。当前而言，应当首先建立开放式教学模式，其次就是局部深化推进生活教育。为此需要系统地设计课程内容，而不是由各地局部进行探索。

结　　论

　　人性是道德的基础。人性有卓越之表现，但也是自利的，甚或有作恶之倾向。正是因为人性的多重性或人作为可能性的存在，道德教育极其艰难。其中最重要的难题有三个：一是我们是否建立起合适的道德教育内容体系，这是道德可教的内涵之一或前提条件；二是道德可教的内涵究竟是什么，或者说，我们究竟是在什么意义上说道德是可教的；三是由道德可教的特定内涵决定的道德教育方式如何转变。

　　建立合适的道德教育内容体系必须结合中国现代性问题进行考察。柏拉图所探讨的德性其实是超越于道德规范意义，即超越于社会而获得的人性自由的最大可能性。卢梭以爱弥尔为榜样，探讨了政治社会中人朝向自然状态所可能达到的最大可能的人性自由问题，实际上也是为大众社会探寻最大的自由。霍布斯等现代性思想家探寻的是通过降低道德目标，或者说把人性建立在低处，构建起大众社会的普遍自由和幸福。基点稳妥进而谋得普遍的自由和幸福，是现代性方案的关键，也是现代性社会的命运。西方现代性也相信人性的卓越与恶的可能性，但却在公共领域建立起以人性低点为基础的普遍的道德规范，而把人性的卓越留给了私人领域或宗教领域。中国社会正面临现代性问题。现在的问题在于道德体系不够现代性，道德教育的方式也不够现代性。无疑，中国现代性的社会的道德体系首先必须具有现代性，即必须在公共领域建立起以人性低处为基础的普遍的道德规范，能够获得大众认同的普遍规范。当然中国的现代性必然带有自身传统文化，这也是中国现代性的困境所在。从中国传统文化看，现代性社会的公共领域也可以建立起有中国语言特点的个体道德信条，但从总体上看，个体道德修养主要应建立在私人领域上。从教育方式上看，应当建立起以制度为主的道德教育体系。如果不能建立起符合中国现代性特点的道德体系及其教育体系，道德教育的效力就必然成为

❖ 道德可教的涵义与方式 ❖

问题。

存在论的困惑决定了道德的困惑和道德可教的特定内涵。知道不必然行道，知识论无法决定道德行动。道德教育无法定位于道德的生成。以往的道德教育的虚妄和错误均源于此种不准确的定位。人性之卓越具有偶然性，其教育也必然具有偶然性。道德品性是一种习惯养成。道德规范难以获得普遍性，或者说其普遍性是抽象的，总是特定情境的选择。从这些方面看，道德似乎是不可教的。确实，道德不是靠从理论上寻找某种支点就可以获得。从道德的特性来看，理性并不能成为道德行动的可靠依据，康德试图为道德寻求普遍性基础的努力证明是失败的，道德的行动既来自于理性，也可能来自于非理性。道德的实践生成是具体情境的和变化的，理论上的道德认识是实践生成的基础，但不是必然。虽然道德的生成没有必然的逻辑，但对学校而言，道德教育仍然是有所作为的。如果换一个角度，我们可以说道德是可教的，或者说道德可教的内涵需要重新界定。这也是拯救道德教育虚妄的唯一办法。道德可教意味着对他者和世界的道德理解和通达以及自我道德话语和行为的构造，而不是意味着特定的道德场景与道德言语的教育就必然产生特定的道德行动。在这个内涵之下，道德可教有三重意蕴：美德或德性可教，但需要就对象而区别；道德是习惯的养成，即是特定道德环境下的养成；道德是经验的建构，即是道德理解中的偶然性建构，特别可能是感性理解而不一定是理性的理解下的偶然建构。

界定道德可教的内涵，就有必要改变现有的道德教育方式。学校道德教育的作用和方式应当转向于为促进学生的道德理解和道德行为构造提供道德环境以及积极的道德理解教育。学校道德教育的作用是有限的，它首先也可以需要提供特定的道德场景，包括道德榜样、良好的道德周遭环境，即较好的道德言语和道德行为环境，为个体的道德理解和道德行为构造提供一种意义的结构。其次，它可以也需要提供集体的道德言语交往和道德行为交往的生活世界，让学生在生活世界中接近对他者和世界的理解与通达，从而实现自我道德言语和道德行为的构造。为此，需要加强道德实践教育，重构学科教学的道德内涵与方式；道德说教必须贴近学生语言及其世界。再次，要建立起道德奖惩机制，彰显道德善的方向，并以考核的方式实行常态化的道德

结 论

行为监测和监督,通过对失范行为的惩戒,降低其道德机会主义,增大道德风险成本,从而以消极性的方式更好地规范其道德行为。最后,需要改变学校道德教育的进路,以立法教化式的消极进路推进学校道德教育,即道德教育不是使学生"更道德"而是使其道德。在现代性条件下,学校仍然需要以培养真正的道德人为核心目标,但是,教育的进路需要改变,学校在道德教育中的作用需要重新界定,确切地说,是要转变惯常的道德教育思维,改变道德教育的进路,而不是缩小或扩大学校道德教育的范围。

参 考 文 献

[1] 阿尔法拉比. 柏拉图的哲学 [M]. 程志敏译. 上海：华东师范大学出版社，2006.

[2] 埃尔金等编. 新宪政论 [M]. 周叶谦译. 北京：北京三联书店，1997.

[3] 安塞尔-皮尔逊. 尼采反卢梭：尼采的道德政治思想研究 [M]. 宗成河译. 北京：华夏出版社，2005.

[4] 柏拉图. 柏拉图对话七篇 [M]. 戴子钦译. 沈阳：辽宁教育出版社，1998.

[5] 柏拉图. 柏拉图全集（1-4）[M]. 王晓朝译. 北京：人民出版社，2003.

[6] 柏拉图. 理想国 [M]. 郭斌和，张竹明译. 北京：商务印书馆，1986.

[7] 柏拉图. 苏格拉底的申辩 [M]. 吴飞译. 北京：华夏出版社，2007.

[8] 布鲁姆. 巨人与侏儒 [M]. 张辉，秦露等译. 北京：华夏出版社，2003.

[9] 布舒奇. 法义导读 [M]. 谭立铸译. 北京：华夏出版社，2006.

[10] 策勒尔. 古希腊哲学史纲 [M]. 翁绍军译. 上海：上海人民出版社，2007.

[11] 陈建洪. 耶路撒冷抑或雅典：施特劳斯四论 [M]. 北京：华夏出版社，2005.

[12] 程志敏. 宫墙之门：柏拉图政治哲学发凡 [M]. 北京：华夏出版社，2005.

[13] 德鲁里. 列奥·施特劳斯的政治观念 [M]. 张新刚，张源译. 北京：新星出版社，2010.

[14] 第欧根尼. 名哲言行录［M］. 马永翔等译. 长春：吉林人民出版社，2003.

[15] 杜小真编选. 福柯集［M］. 上海：上海远东出版社，2003.

[16] 弗林斯. 舍勒思想评述［M］. 王芃译. 北京：华夏出版社，2003.

[17] 富勒. 法律的道德性［M］. 郑戈译. 北京：商务印书馆，2005.

[18] 古热维奇，罗兹编. 论僭政：色诺芬《希耶罗》义疏［M］. 何地译. 北京：华夏出版社，2006.

[19] 哈贝马斯. 现代性的哲学话语［M］. 曹卫东译. 南京：译林出版社，2004.

[20] 哈耶克. 法律、立法与自由（第一卷）［M］. 邓正来等译. 北京：中国大百科全书出版社，2000.

[21] 贺照田编. 西方现代性的曲折与展开［M］. 长春：吉林人民出版社，2002.

[22] 霍布斯. 论公民［M］. 应星，冯克利译. 贵阳：贵州人民出版社，2003.

[23] 霍尔，戴维斯. 道德教育的理论与实践［M］. 陆有铨，魏贤超译. 杭州：浙江教育出版社，2003.

[24] 吉登斯. 社会的构成［M］. 李康，李猛译. 北京：三联书店，1998.

[25] 加达默尔. 真理与方法［M］. 洪汉鼎译. 上海：上海译文出版社，1999.

[26] 卡西尔. 人论［M］. 甘阳译. 上海：上海译文出版社，1985.

[27] 凯利. 卢梭的榜样人生［M］. 黄群译. 北京：华夏出版社，2009.

[28] 康德. 道德形而上学原理［M］. 苗力田译. 上海：上海人民出版社，2005.

[29] 康德. 实践理性批判［M］. 关文运译. 北京：商务印书馆，1999.

[30] 朗佩特. 施特劳斯与尼采［M］. 田立年等译. 上海：上海三联书店、华东师范大学出版社，2005.

[31] 朗佩特. 尼采的使命［M］. 李致远，李小均译. 北京：华夏出

版社,2009.

[32] 刘小枫,陈少明编.柏拉图的哲学戏剧[M].北京:华夏出版社,2003.

[33] 刘小枫,陈少明编.经典与解释的张力[M].北京:华夏出版社,2003.

[34] 刘小枫,陈少明编.卢梭的苏格拉底主义[M].北京:华夏出版社,2005.

[35] 刘小枫,陈少明编.美德可教吗[M].北京:华夏出版社,2005.

[36] 刘小枫,陈少明编.苏格拉底问题[M].北京:华夏出版社,2005.

[37] 刘小枫,陈少明编.血气与政治[M].北京:华夏出版社,2007.

[38] 刘小枫,陈少明编.政治生活的限度与满足[M].北京:华夏出版社,2007.

[39] 刘小枫,陈少明主编.苏格拉底问题与现代性[M].北京:华夏出版社,2008.

[40] 刘小枫,甘阳主编.文学与道德杂篇[M].吴雅凌译.北京:华夏出版社,2009.

[41] 刘小枫.刺猬的温顺[M].上海:上海文艺出版社,2002.

[42] 刘小枫.现代性社会理论绪论[M].上海:上海三联书店,1998.

[43] 刘小枫.拯救与逍遥(修订二版)[M].上海:华东师范大学出版社,2007.

[44] 刘小枫编.舍勒选集[M].上海:上海三联书店,1999.

[45] 刘小枫选编.《王制》要义[M].北京:华夏出版社,2006.

[46] 刘小枫主编.施特劳斯与古典政治哲学[M].上海:上海三联书店,2002.

[47] 卢梭.爱弥尔[M].李平沤译.北京:商务印书馆,2003.

[48] 卢梭.卢梭评判让-雅克:对话录[M].袁树仁译.上海:上海人民出版社,2007.

[49] 卢梭.论人类不平等的起源和基础[M].李常山译.北京:商

务印书馆，1962.

[50] 卢梭. 论政治经济学［M］. 王运成译. 北京：商务印书馆，1962.

[51] 卢梭. 新爱洛漪兹［M］. 伊信译. 北京：商务印书馆，1990.

[52] 陆有铨. 现代西方教育哲学［M］. 郑州：河南教育出版社，1993.

[53] 洛克. 教育漫话［M］. 杨汉麟译. 北京：人民教育出版社，2006.

[54] 洛克. 政府论［M］. 叶启芳，瞿菊农译. 北京：商务印书馆，1964.

[55] 麦金太尔. 德性之后［M］. 龚群译. 北京：中国社会科学出版社，1995.

[56] 梅洛－庞蒂. 知觉的首要地位及其哲学结论［M］. 王东亮译. 北京：三联书店，2002.

[57] 萌萌编. "古今之争"背后的"诸神之争"［M］. 上海：上海三联书店，2006.

[58] 孟德斯鸠. 论法的精神［M］. 孙立坚等译. 西安：陕西人民出版社，2001.

[59] 尼采. 查拉图斯特拉如是说［M］. 黄明嘉译. 桂林：漓江出版社，2000.

[60] 尼采. 尼采遗稿选［M］. 虞龙发译. 上海：上海译文出版社，2005.

[61] 尼采. 人性的、太人性的［M］. 杨恒达译. 北京：中国人民大学出版社，2005.

[62] 尼采. 善恶的彼岸［M］. 朱泱译. 北京：团结出版社，2001.

[63] 尼采. 哲学与真理：尼采1872—1876年笔记选［M］. 田立年译. 上海：上海社会科学院出版社，1993.

[64] 尼科尔斯. 苏格拉底与政治共同体［M］. 王双洪译. 北京：华夏出版社，2007.

[65] 倪梁康. 现象学及其效应——胡塞尔与当代德国哲学［M］. 上海：三联书店，1994.

[66] 潘恩. 常识［M］. 何实译. 北京：华夏出版社，2004.

[67] 普拉特纳. 卢梭的自然状态［M］. 尚新建, 余灵灵译. 北京: 华夏出版社, 2008.

[68] 萨特. 存在主义是一种人道主义［M］. 周煦良, 汤永宽译. 上海: 上海译文出版社, 1988.

[69] 施特劳斯, 科耶夫. 论僭政——色诺芬《希耶罗》义疏［M］. 北京: 华夏出版社, 2006.

[70] 施特劳斯, 克罗波西主编. 政治哲学史［M］. 李天然译. 石家庄: 河北人民出版社, 1993.

[71] 施特劳斯. 霍布斯的政治哲学［M］. 申彤译. 南京: 译林出版社, 2001.

[72] 施特劳斯. 自然权利与历史［M］. 彭刚译. 北京: 北京三联书店, 2003.

[73] 梯利. 伦理学概论［M］. 何怀宏译. 北京: 中国人民大学出版社, 1987.

[74] 吴增定. 尼采与柏拉图主义［M］. 上海: 上海人民出版社, 2005.

[75] 休谟. 道德情操论［M］. 蒋自强等译. 北京: 商务印务馆, 1997.

[76] 休谟. 人性论［M］. 关文运译. 北京: 商务印书馆, 1980.

[77] 徐戬. 柏拉图《蒂迈欧》疏证［M］. 上海: 华东师范大学出版社, 2008.

[78] 亚里士多德. 尼各马可伦理学［M］. 廖申白译. 北京: 商务印书馆, 2003.

[79] 亚里士多德. 尼各马科伦理学［M］. 苗力田译. 北京: 中国人民大学出版社, 2003.

[80] 亚里士多德. 政治学［M］. 颜一, 秦典华译. 北京: 中国人民大学出版社, 2003.

[81] 张尧均. 隐喻的身体: 梅洛－庞蒂身体现象学研究［M］. 北京: 中国美术学院出版社, 2006.

[82] 赵汀阳. 论可能生活［M］. 北京: 中国人民大学出版社, 2004.